Bodensee

**Spaziergänge rund um den
Bodensee
der Literaten und Künstler
Erlaufen von Alexander Kluy
für die Arche**

Inhalt

Mehr Dichter als Fischer 5

I.
Spaziergänge in Vorarlberg 9
Lochau · Bregenz · Schwarzenberg
Feldkirch · Schruns

II.
Spaziergänge von Lindau
bis Meersburg 25
Sigmarszell · Lindau · Wasserburg
Nonnenhorn · Langenargen
Friedrichshafen · Hagnau
Meersburg

III.
Spaziergänge von Überlingen
bis zur Halbinsel Höri 57
Überlingen · Allensbach
Litzelstetten · Radolfzell · Gaienhofen
Hemmenhofen

IV.
Spaziergänge von Glarisegg
bis Konstanz 77
Glarisegg · Steckborn · Berlingen
Salenstein · Fruthwilen · Ermatingen
Gottlieben · Konstanz

V.
Spaziergänge von Kreuzlingen
bis Romanshorn 103
Kreuzlingen · Altnau · Erlen
Hauptwil · Kesswil · Uttwil · Egnach
Goldach

Museen am Bodensee 125

Literatur- und
 Quellenverzeichnis 128
Bildnachweis 129
Dank 131
Biographische Notiz 131
Personenregister 132

**Frontispiz:
Treffen der Grenzaufseher der
Anrainerstaaten des Bodensees
am 23. Juli 1893.
Foto von Eugen Wolf**

Copyright © 2008 by Arche Literatur Verlag AG,
Zürich-Hamburg
Alle Rechte vorbehalten
Umschlag: Max Bartholl, b3K Hamburg-
Frankfurt a. M.
Umschlagfoto: © plainpicture/By
Satz und Lithos: Repro Studio Kroke, Hamburg
Karten: MAIRDUMONT
Druck und Bindung: Klingenberg Buchkunst,
Leipzig
Printed in Germany
ISBN 978-3-7160-3602-0

Mehr Dichter als Fischer

»Der Bodensee ruft den Maler, den Dichter.«
William Becher

Der Bodensee – ein wahr gewordener Traum aus Flora, Fauna, Poesie, Kunst? Das sah mancher so. »Das Gelände um den See ist ein Garten, Konstanz liegt zauberhaft schön, wirklich dort, wo der Rhein hinausfließt, der Hohentwiel, aus *Ekkehard* [dem Roman Joseph Viktor von Scheffels] bekannt, der Turm von Radolfzell, die Insel Reichenau; es kommt da allerlei zusammen«, bemerkte der Wiener Psychoanalytiker Sigmund Freud nach einem Aufenthalt am Bodensee im Mai 1912. Der dänische Arbeiterdichter Martin Andersen Nexø hingegen warnte, auf seine im idyllischen Allensbach mit seiner dritten Frau, einer um viele Jahre jüngeren Deutschen, verbrachten fünf Lebensjahre zurückblickend, mit dezenter Ironie: »Nehmen Sie sich vor der Bodenseefaulheit in acht, und machen Sie sich rechtzeitig davon!«

Nein – davongemacht haben sich Literaten, Künstler und Komponisten nicht. Im Gegenteil: Der See zog sie an. In Scharen; häufig; und immer wieder. Diese im Wortsinn zentraleuropäische Landschaft, »sozusagen im goldenen Schnitt zwischen Nordsee und Mittelmeer« gelegen, so Hans Leip, der Hamburger Poet, den es nach Fruthwilen im Thurgau verschlug, liegt auch im goldenen Schnitt zwischen Idylle und Avantgarde, Rückzug und Großstadt, konzentriertem Arbeiten und diesseitigem Genießen, auch zwischen Besinnung und Angst. Der lange in Unteruhldingen ansässige Schriftsteller Rudolf Hagelstange meinte in *Über die Schwierigkeit, am Bodensee zu dichten* gar, es »leben in diesem Landstrich mehr Dichter und Literaten als Fischer. Am Bodensee fischt und dichtet man gleichermaßen.«

Dieser See, drei Ländern zugehörig, mit seinem lieblichen Klima und seinen vielfältigen landschaftlichen Reizen war durch die Jahrhunderte eine Region, die bildende Künstler ebenso inspirierte wie Schriftsteller oder Tonsetzer, etwa den Barockkomponisten Valentin Rathgeber oder Walter Braunfels, der von 1937 bis zu seinem Tod 1954 mit Unterbrechungen in Überlingen lebte, oder den 1936 geborenen Hans Zender. Entlang der Seeufer ließen sie sich nieder. Einige blieben nur kurze Zeit, für einen Zwischenhalt etwa, um Klima, Licht und Atmosphäre auf sich wirken zu lassen und sie wie der englische Maler Joseph Mallord William Turner (1775–1851) einzufangen. Andere blieben länger, dritte wiederum fast ihr ganzes Leben. So manchen Künstler, der hier geboren wurde, lockte die Ferne nicht. Nur für wenige, etwa den in Rorschach geborenen und aufgewachsenen Emil Jannings, den ersten mit einem Oscar ausgezeichneten Schauspieler – seine bekannteste Rolle war wohl Professor Unrat in Josef von Sternbergs Film *Der blaue Engel* (1930) mit Marlene Dietrich –, blieb der Bodensee folgenlos und Episode.

Einige leisteten inneren oder äußeren Umständen Folge, andere lebten zurückgezogen und ganz für sich in großer Einfachheit, dritte wiederum engagierten sich kulturpolitisch und verlegerisch. Sie lebten allein oder in Gruppen, schätzten das einfache und preiswerte Leben oder auch Anregungen, die sie in Künstler- und Schriftstellerkolonien auf der Halbinsel Höri oder im Kreis um Henry van de Velde, René Schickele und Carl Sternheim im Dorf Uttwil nahe Romanshorn empfingen.

Es wurden hier aber auch Bilder gemalt, so beispielsweise vom lange in Hagnau lebenden Julius Bissier, in denen mehr Asien zu finden ist denn Bodenseeisches. Zur selben Zeit entstanden am gegenüberliegenden Ufer Darstellungen der Landschaft, von Menschen und Tieren am See, die von der tiefen Verbundenheit eines Autodidakten wie Adolf Dietrich mit seiner Heimat Zeugnis ablegen – er verbrachte sein ganzes Leben in Berlingen. Rekonvaleszente kamen hierher, um zu gesunden, Historiker, um in Ruhe große Darstellungen abzuschließen, und am See geborene Künstler, die in den Metropolen Erfolge feierten, kehrten ganz oder immer wieder gerne zurück an seine Ufer.

Zum einen griffen auswärtige Ankömmlinge Themen auf, die der lokalen Sagenwelt und der regionalen Kulturgeschichte entstammten und unterschiedlich verwandelt und anverwandelt wurden. Zum anderen erkannten die Einheimischen mal mehr, mal weniger rasch, wer da neben und mit ihnen lebte und wohnte. Sie verstanden es auch, deren Prominenz für sich und die Belange des für die Region immer bedeutsamer werdenden Tourismus einzusetzen. So warb die Gemeinde Gaienhofen bereits 1909 für sich auf einem Plakat mit der Silhouette der Häuser der Autoren Hermann Hesse – der den lokalen Turnverein mitgegründet hatte –, und Ludwig Finckh, der im Dorforchester mitspielte. Und ein Lindau ohne Horst Wolfram Geißlers Figur Der Liebe Augustin ist heute nicht nur beim Gaststättengewerbe kaum mehr vorstellbar.

Der Bodensee verband; und er verbindet noch heute. Mittlerweile hat sich der Dreiländer-See zur Kulturregion mit dem Namen »Euregio Bodensee« zusammengeschlossen. Nimmt es da bei all dieser so dezidiert Grenzen ignorierenden Kultur noch Wunder, dass diese Region eine der ersten künstlichen Weltsprachen hervorbrachte, das Volapük, ersonnen vom Pfarrer Johann Martin Schleyer aus Litzelstetten zum Zwecke universaler Verständigung der Völker und des Friedens zwischen den Menschen?

»Eine Landschaft soll man fühlen wie einen Körper. Jede Landschaft ist ein idealistischer Körper für eine besondere Art des Geistes«, schrieb der romantische Dichter Novalis. Den kulturellen Verzweigungen und Kreuzungen, den Ablagerungen und Hervorbringungen dieses Kultur-Körpers und des besonderen Geistes, den Spuren von Literatinnen und Literaten, Künstlerinnen und Künstlern entlang des Bodensees nachgehen und von ihnen erzählen, das will dieser Kulturführer. Er lädt ein, Verbindungen herzustellen, die kreuz und quer über den See reichen und darüber hinaus.

Der Bodensee lag nie außerhalb der Zeiten. Er lag auch nicht abseits der Reiserouten und der Touristenströme. Zu gut war er an die großen Nord-Süd-Handelsverbindungen zwischen Oberdeutschland und Norditalien angeschlossen. Verstärkt wurde dies im 19. Jahrhundert durch den Bau der Eisenbahn. So wurden der Bregenzerwald und das bayerische und badische Nordufer zu beliebten Zielen für Sommerfrische und Wintersport. Adel und Großbürgertum ließen sich in der zweiten Hälfte des 19. Jahrhunderts von namhaften Architekten Landhäuser erbauen – so entwarf der bekannte Architekt und Designer Peter Behrens (1868–1940) die Möbel der Villa Wacker in Lindau-Bad Schachen; viele fanden in der »deutschen Toskana« ihr Tusculum.

Die Routen des vorliegenden Kulturreiseführers nehmen ihren Ausgang in Vorarlberg, führen danach von Lindau bis Radolfzell und zur Halbinsel Höri und weiter durch den Thurgau bis nach Romanshorn. Diese Spaziergänge rund um den Bodensee sind nicht immer Rundgänge, sondern führen, den nicht zu unterschätzenden Entfernungen entlang des Sees gehorchend, nicht selten von einer Gemeinde zur übernächsten und lassen dabei die eine oder andere, ebenfalls sehenswerte Ortschaft aus. Des Öfteren braucht man ein Auto, die Bahn oder ein Fahrrad. Die Wegführung von einem literarischen Ort zum anderen ist nach bestem Wissen und Gewissen beschrieben. Privat genutzte Häuser, auf den folgenden Seiten am Fehlen näherer Angaben zu Öffnungszeiten und ähnlichem ersichtlich, sind nicht zugänglich und nicht zu besichtigen.

Dieses Buch will lebendig und rekonstruierend von Häusern und Adressen erzählen, von realisierten Hoffnungen und zerstobenen Wünschen berichten wie von den Kunstwerken, die ihre Entstehung diesem kulturhaltigen und Kultur atmenden Landstrich verdanken, und von den Künstlerinnen und Künstlern, Autorinnen und Autoren, von denen einige ihr physisches Überleben dem See verdankten.

Wieso überhaupt Bodensee? Darauf gab der neoklassizistische Schweizer Dichter Emanuel von Bodman – in Friedrichshafen geboren, in Konstanz zur Schule gegangen, fast 30 Jahre im malerischen Dorf Gottlieben im Thurgau lebend – 1921 eine bildkräftige Antwort in Form eines Nachtgesichts, das er sich notierte: »Traum. Ich sah den Bodensee, und ringsum eine Berglandschaft in rosiger Morgenbeleuchtung; alles wunderbar rein in zarten blauen, rosigen Farben, noch wenig Gold; die Sonne war noch nicht sichtbar. Jemand fragte mich, warum ich da wohne. Ich gab zur Antwort: ›Ich muss im Anfang wohnen.‹«

**Die Bregenzer
Pfänderbahn, 1927**

I.
Spaziergänge in Vorarlberg

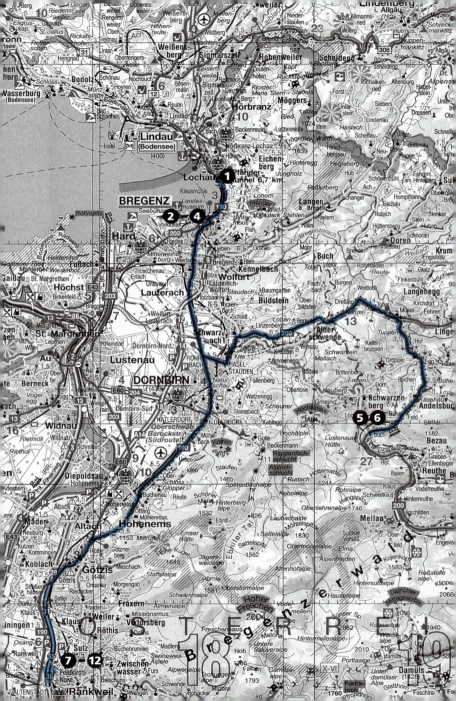

Die I. Tour führt durch das österreichische Bundesland Vorarlberg, vom ufernahen einstigen Hotel Kaiserstrand in Lochau über Feldkirch bis nach Schruns. Wir beginnen in Lochau an der Lindauer Straße. Hier steht die vormalige Rhomberg-Kaserne des österreichischen Bundesheeres, das 1910 als Hotel errichtet worden war und bis 1925 als solches genutzt wurde.

Lochau

❶ Hotel Kaiserstrand
Logis von
Arthur Schnitzler
Lindauer Straße 7

Am 7. September 1923 wohnte der österreichische Schriftsteller Arthur Schnitzler (1862–1931) drei Tage lang im Bregenzer Hotel Weißes Kreuz (vgl. S. 14 f.) und zog dann nach Lochau ins Hotel Kaiserstrand um. »9/9 S. Bregenz. Übersiedlung ins Kaiserstrand Hotel«, trug er in sein Tagebuch ein. »O. und Lili das Zimmer neben mir. Hotel fast leer. Schöner Blick auf den See.«

Anfang August 1923 war er mit seinem Sohn Heinrich, einem vielversprechenden Jungschauspieler, seiner 14-jährigen Tochter Lili – beide wohnten noch bei ihm – und mit Olga Schnitzler (1882–1970), von der er sich zwei Jahre zuvor hatte scheiden lassen, mit der ihn allerdings noch Gefühle verbanden, zur Sommerfrische erst nach Baden-Baden und dann, über Friedrichshafen und Romanshorn, weiter nach Celerina in Graubünden gefahren. Im benachbarten Pontresina hatte sich zeitgleich die österreichische Schriftstellerin Clara Katharina Pollaczek (1875–1951) einquartiert. Schnitzler war ihr 1922 wiederbegegnet. Sie hatte ihm daraufhin einige von ihr verfasste Einakter zur Prüfung zugeschickt. Im Sommer 1923 unterhielten sie, so Schnitzlers Biograph Giuseppe Farese, eine »eher erotische als zärtliche Beziehung«.

Der Ausklang seines Urlaubs war der Aufenthalt mit Olga und Tochter Lili im Hotel Kaiserstrand. Sie blieben hier bis zu ihrer Rückreise nach Wien am 14. September, bestiegen in dieser Zeit den Pfänder und fuhren mit dem Schiff nach Konstanz, wo Schnitzler über die außerordentlich hohe Inflation entsetzt war.

Arthur und Olga Schnitzler wurden beide von finanziellen wie emotionalen Zukunftsängsten geplagt. Bei dem Dramatiker, der sich von der Liaison mit Clara Katharina Pollaczek überfordert und zudem künstlerisch im Abstieg begriffen fühlte, schlugen sie sich in Kopfschmerzen, Melancholie und Alpträumen nieder. »Olga findet, es wäre das beste für mich, ich käme für längere Zeit nach B.-B. [Baden-Baden]; – ev. mit Kolap, um in Ruhe dictiren zu können. – Die Tragik der Situation spürt sie nicht, will sie nicht spüren – wie ich deutlich fühle«, hielt er in seinem Tagebuch fest. Hinzu kamen Sorgen über die seelische Labilität der Tochter, die am 13. September ihren 14. Geburtstag beging.

Lili Schnitzler heiratete 1927 den 20 Jahre älteren Italiener Arnoldo Capellini und beging ein Jahr später Selbstmord. Den Tod seiner Tochter verwand Schnitzler nie.

Bis 1925 war das 1910 eröffnete Strandhotel ein Gästehaus, danach wurde es zur Kaserne umgebaut und bis 1998 militärisch genutzt. 2005 von einem privaten Investor erworben, soll hier wieder ein Hotel entstehen.

Wir fahren in Richtung Bregenz auf der Seepromenade die Lindauer Straße (L 190) weiter, die ab dem Bregenzer Ortseingangsschild Reichsstraße heißt. Hier stand das Gasthaus am See.

Bregenz

❷ Gasthaus am See
Logis von
Egon Schiele
Reichsstraße 13

Ende August 1912 fuhr der 1890 geborene österreichische Künstler Egon Schiele mit der Bahn von München, wo er erstmals Werke deutscher Expressionisten gesehen und ein Exemplar des von Wassily Kandinsky und Franz Marc herausgegebenen Almanachs *Der Blaue Reiter* gekauft hatte, über Lindau nach Bregenz und bezog Quartier im Gasthaus am See. Schiele reiste einige Zeit später weiter nach Zürich, besuchte Ausstellungen, traf sich mit Galeristen und fuhr dann nach Wien. Dort bezog er ein Atelier in der Hietzinger Hauptstraße 101 im 13. Gemeindebezirk.

Mit der München-Reise, dem Aufenthalt am Bodensee und einer Fahrt nach Triest wollte Schiele im Sommer 1912 vermutlich Distanz zu Österreich gewinnen, hatte man ihn doch Ende April jenes Jahres wegen Entführung und Missbrauchs Minderjähriger in St. Pölten vor Gericht gestellt. Von der Anklage, auf die bis zu 20 Jahre schwerer Kerker stand, wurde er freigesprochen. Da aber Kinder in seinem Neulengbacher Atelier freizügige Aktstudien zu Gesicht bekommen hatten, wurde er zu drei Tagen Arrest verurteilt. 125 als obszön eingestufte Zeichnungen wurden beschlagnahmt. Insgesamt 24 Tage verbrachte Schiele in Haft.

Am Bodensee entstanden zumeist Landschaftsaquarelle. Dem Gastwirt und Kunstsammler Franz Hauer schrieb Egon Schiele Anfang 1914 über den Sommer 1912: »Mir ekelte

Arthur Schnitzler, 1923

Lili Schnitzler, um 1924

Egon Schiele und seine
Freundin Wally Neuzil

Wilhelm Raabe mit
Frau Bertha und seinen
Töchtern Grete und
Elisabeth, um 1869

vor meiner früher so innig geliebten melancholischen Landschaft in Neulengbach. – es trieb mich als Gegensatz an die Grenze; ich blieb in Bregenz 1912 und sah nichts als den verschieden stürmenden See und ferne weiße sonnige Berge der Schweiz. – ich wollte ein neues Leben beginnen. – Aber bis jetzt konnte ich's nicht. – nichts gelang mir noch in meinem Leben. – ich sehne mich nach freien Menschen. – So lieb mir Österreich ist, ich beklage es …«

Viereinhalb Jahre später, am 31. Oktober 1918, starb Egon Schiele in seiner dem Atelier gegenüber gelegenen Wohnung an der Spanischen Grippe. Seine Frau Edith, im sechsten Monat schwanger, war drei Tage zuvor gestorben.

Wir gehen die Reichsstraße stadteinwärts bis zum Kreisverkehr, dort geradeaus in die Kornmarktstraße und biegen an deren Ende links ab. Nach 30 Metern erreichen wir den Leutbühel, wo früher der Gasthof Schwarzer Adler stand.

**❸ Gasthof Schwarzer Adler
Logis von
Wilhelm Raabe
Leutbühel 2
Früher Rathausstraße**

Im Sommer 1869 machte der in Stuttgart lebende Schriftsteller Wilhelm Raabe (1831–1910) Urlaub in Vorarlberg und Graubünden. Vom 16. bis zum 31. Juli wohnten er, seine Frau Bertha und seine zwei kleinen Töchter im Hotel Schwarzer Adler, bevor er für die folgenden drei Wochen eine kostengünstigere Privatunterkunft im ufernahen Haus des Maschinenfabrikbesitzers Merkt fand.

»Im Wirthhaus schien den Leuten der Kinderlärm zuviel geworden [zu] sein, und unsere Rechnung belief sich daselbst nach einem Aufenthalt von 14 Tagen auch auf 101 Gulden 14 Xr.«, notierte Raabe verdrossen. Er unternahm mit Bekannten zahlreiche »Ausflüge con amore und mit der nöthigen Ruhe« entlang des Sees und in die Berge, bis nach Alberschwende in den Bregenzer Wald, auch auf den

Vorarlberg | 13

Clara Katharina Pollaczek, um 1930

Eduard Mörike

Bregenzer Hausberg Pfänder, den er »Pfändler« nannte. Mit Redakteuren und Verlegern korrespondierte er in diesen Wochen, etwa mit dem Braunschweiger Verleger George Westermann, dem er ein neues Manuskript anbot. Dieser Roman mit dem Titel *Der Schüdderump* erschien ein Jahr später bei Westermann.

Am 25. August reisten die Raabes mit dem Schiff von Lindau nach Konstanz, besichtigten den Rheinfall bei Schaffhausen und fuhren über Singen nach Stuttgart zurück. Seinem Bruder schrieb Wilhelm Raabe am 29. August, zwei Tage nach seiner Rückkehr, dass die sechsjährige Tochter Grete in Bregenz »innigste Freundschaft mit sämmtlichen Officieren der Kaiserjäger« geschlossen und sie dann in Stuttgart überrascht habe: »Am Abd des 25st. waren wir bereits am Rheinfall bei Schaffhausen, den Gretchen gestern hier im Garten durch ein Loch und eine Gießkanne voll Wasser einem Kreise erstaunter Zuschauer vorgeführt hat.«

Der Aufenthalt in Bregenz schlug sich auch in Wilhelm Raabes Werk nieder. Denn die Belagerung der Stadt während des Dreißigjährigen Kriegs steht im Zentrum seiner historischen Novelle *Der Marsch nach Hause* (1870), dem in den folgenden Jahren, die er in Braunschweig verbrachte, zahlreiche Romane und Erzählungen folgten.

Von hier sehen wir bereits jenseits des Leutbühels in 50 Meter Entfernung den Anfang der Römerstraße und das Hotel Weißes Kreuz.

④ Hotel Weißes Kreuz
Logis von Arthur Schnitzler
Römerstraße 5

Am 7. September mit Clara Katharina Pollaczek gemeinsam in Bregenz angekommen, quartierte sich Arthur Schnitzler im zentral gelegenen »Weißen Kreuz« ein und wartete auf die Ankunft seiner Tochter und seiner geschiedenen Frau, während Pollaczek nach Wien weiterreiste. In seinem Tagebuch hielt der Dramatiker ein Nachkriegsschicksal fest: »Im Hotel ein von früher her bekannter Dr. Horowitz, seit Jahrzehnten nicht gesprochen, fungiert nun (einst reich gewe-

sen) als Clavierspieler in Sommerhotels und glaubt sich ganz wohl zu fühlen.« Am 8. September trafen Lili und Olga Schnitzler ein. Am selben Tag hatte er das direkt am See gelegene Hotel Kaiserstrand in Augenschein genommen, wo sie ab dem 9. September sechs Nächte lang logierten.

Von Bregenz fahren wir auf der L 190 in Richtung Dornbirn und dann auf der L 3 und L 14 nach Alberschwende und weiter auf der L 200 und L 26 nach Schwarzenberg.

Schwarzenberg

❺ Romantikhotel Hirsch
Früher Gasthaus zum Hirschen
Hof 14

Ende Juni 1857 fuhr der Dichter Eduard Mörike (1804–1875) mit seiner Frau Margarethe von Stuttgart zur Kur in den Bregenzer Wald. Sie blieben mehr als zwei Wochen im Schwarzenberger »Hirschen«. Einige Tage lang hielten sich hier auch Freunde aus Stuttgart auf.

Es war Mörikes dritte Reise an den See. Im September 1840 war er mit seinem Bruder Louis über Blaubeuren, Ulm, Lindau und Rorschach bis Schaffhausen gefahren. 1846 hatte er mit der nur scheinbar harmlosen *Idylle vom Bodensee* seinen ersten großen Erfolg. Fünf Jahre später verfolgte er den Plan, in Egelshofen, das 1874 in Kreuzlingen umbenannt wurde, ein Mädchenpensionat zu eröffnen, doch diese Idee zerschlug sich. Damals gestand Mörike, es packe ihn ein Grausen, vom »lichten Spiegel des Sees« wieder nach Stuttgart zurückzukehren.

Im Jahr 1857 trafen die Mörikes am 2. Juli in Schwarzenberg ein und blieben bis zum 18. Juli. Mörike, schon mit 39 Jahren als evangelischer Pfarrer »wegen dauernder Krankheitsumstände« vorzeitig pensioniert, unterwarf sich mit Erfolg kalten Waschungen. Außerdem unternahm er Wanderungen nach Egg und auf das Hochälple. Diese beschrieb Margarethe Mörike sehr plastisch: »8ten wanderten wir früh 9 Uhr mit Käs und Schinken versehen aufs Hochälpele. Die Wirthin gab uns Stöcke mit, und mir einen welchen der König von Sachsen getragen als er über die Lorenen ging … [Oben auf der Höhe angekommen,] aßen gerade der Mann mit den 2 Knechten zu Mittag (es war gegen 1 Uhr) ich aß mit ihnen aus einer Schüßel Zieger' (ein süßer warmer Käs, der nach dem ersten Käs der in Laib geformt wird, gemacht wird) dann Schotter=Gebeig (ein süßsaures Zeug, in Kuchenform, von brauner Farbe) dann kam noch Butterbrod und süße Milch; dies ist das tägliche Mittagsmahl der Leute. Von da ging es fast auf Hand und Füßen noch ein Stück aufwärts, und mit

Vorarlberg | 15

einem Schritt welch freundliches Erstaunen, lag der Bodensee unter uns. Eine Piramide von Holz dient hier als Dach zum Sitzen. Welch' eine unbeschreibliche Pracht! wie auf einem Thurm stehend sahen wir ringsum überall weit ins Land hinein, im Rücken wo wir herkamen den ganzen Bregenzer Wald mit seinen vielen Dörfern und Hütten zwischen Waldstreifen und Wiesen, links die Schweizerberge, rechts Baiern und Östreich, vor uns Würtemberg und unten das liebliche Bregenz, Lindau, bis nach Friedrichshafen hinüber.«

Eduard Mörike gilt als einer der bedeutendsten deutschen Lyriker des 19. Jahrhunderts. Zu seinem 200. Geburtstag wurde in Schwarzenberg ein nach ihm benannter Wanderweg eingerichtet (Dauer ca. 4,5 Stunden, Höhendifferenz 770 Meter, Schwierigkeitsgrad: leicht bis mittel), der am Dorfplatz beginnt, auf den Gipfel des 1464 Meter hohen Hochälpele und über die Klausbergalpe zurück nach Schwarzenberg führt.

Vom Hotel gehen wir über den Dorfplatz zur Dorfkirche.

6 Pfarre zur Heiligsten Dreifaltigkeit Arbeiten von Angelika Kauffmann
Hof 1

Schwarzenberg war der Heimatort des Malers Johann Joseph Kauffmann (1707–1781), des Vaters von Angelika Kauffmann (1741–1807). Nach dem Tod von Angelikas Mutter Cleophea am 1. März 1757 kehrten Vater und Tochter aus Italien nach Schwarzenberg zurück, wo sie in der »Wies« bei

Angelikas Onkel Michael wohnten. Im Mai 1757 übernahmen sie den Auftrag, in der ein Jahr zuvor nach einem Brand wiederaufgebauten Pfarrkirche den Innenraum mit Fresken auszumalen. Johann Joseph Kauffmann ließ seine Tochter, seinen »Lehrling«, an dem Auftrag mitwirken. Die noch nicht 16 Jahre alte Angelika sollte ihm helfen, die Halbfiguren der zwölf Apostel nach Kupferstichen von Giovanni Batista Piazetti al fresco an die Seitenwände zu malen; wahrscheinlich durfte sie die Farben schon selbst auswählen. Die Jahreszahl 1757 und Angelikas voller Name auf dem Evangelienbuch des Apostels Matthäus belegen ihre erste eigenständige Arbeit.

Nach dem Abschluss dieses Auftrags lud der Bischof von Konstanz, Franz Konrad von Rodt, Vater und Tochter Kauffmann nach Meersburg ein. Angelika hielt sich in dieser Zeit wiederholt in Schwarzenberg auf, wovon Selbstbildnisse in traditioneller Bregenzerwälderinnentracht mit reicher Stickerei, bauschigem Rock und schwarzem Hut mit Krempe zeugen. Auf einem der Bildnisse, das um 1757/1759 entstand, zeigt sich

Angelika Kaufmann, Selbstbildnis

Vater Paul Ludwig mit den Töchtern Martha und Paula (vorn), Altenstadt, 1901

die knapp 18-jährige stolz mit Malstock und Palette vor einer Staffelei. 1781 entstand ein weiteres Selbstbildnis in Bregenzerwälderinnentracht – da war Angelika Kauffmann bereits eine gefeierte und viel beschäftigte Malerin in London, später lebte sie in Rom. Mit solchen Konterfeis bekannte sich Kauffmann zu ihrer Heimat, erinnerte zugleich an ihre Anfänge als »Wunderkind« und entsprach so dem Zeitgeist, der einen unverdorbenen Naturzustand pries. 1802 schenkte sie der Kirche ein von ihr gemaltes Hochaltarbild, das die Krönung Mariä durch die Heiligste Dreifaltigkeit zeigt. Ein Jahr nach ihrem Tod wurde am 12. Juni 1808 an der linken Langhauswand der Kirche ein Denkmal für Angelika Kauffmann aufgestellt.

Über Alberschwende fahren wir auf der L 200 in Richtung Bregenz und auf der L 190 in Richtung Feldkirch. Nach 25 Kilometern biegen wir an der Anschlussstelle Rankweil halb rechts Richtung Feldkirch-Nord ab und gelangen über Langgasse, L 190/Vorarlberger Straße und die hangaufwärts führende Forststraße zur Amberggasse.

Feldkirch-Altenstadt

**7 Schloss Amberg
Geburtshaus von
Paula Ludwig
Amberggasse 43**

»Geboren bin ich im Jahre 1900 in Vorarlberg, mitten im Wald«, schrieb die Lyrikerin und Malerin Paula Ludwig 1929. Das damals innen äußerst schlicht ausgestattete Schloss, das die Familie – der Vater war Tischler – mietfrei bewohnte, war 1502 erbaut worden. Kurz vor der Einschulung von Paulas zwei Jahre älterer Schwester Martha bezogen die Ludwigs eine einfache Wohnung im einzigen Miethaus in Altenstadt. Hier eskalierte der Ehestreit der Eltern. Anfang Oktober 1907 brach die Familie auseinander. Der Vater reiste mit Martha nach Breslau ab, während Maria Ludwig sich und ihre jüngere Tochter in Altenstadt mit Näharbeiten durchzubringen versuchte. 1909 zogen sie nach Linz zu Verwandten. 1920 debütierte Paula Ludwig mit dem Gedichtband *Die himmlische Spur*. Der Lyriker Ivan Goll, dem sie 1930 begegnete und der die große Liebe ihres Lebens war, beschrieb sie als »seltsames Bauernmädel, Tochter eines Sargtischlers, ziemlich holzschnitthafter Kopf, aber eine feine Seele. Sie entwickelt sich langsam zu einer christlichen Lasker ... sie ist Dienstmädchen gewesen, Modell in München. Souffleuse.«

Schloss Amberg galt Paula Ludwigs lebenslanges Heimweh: »Ich habe den Turm, in dem ich geboren bin, vom Tal aus ständig vor Augen gehabt. Mit zunehmendem Alter wuchs in mir eine unerklärliche Sehnsucht nach dem einsamen Gemäuer und zog mich zu ihm hinauf. Manchmal habe ich es heimlich besucht: seine Tür war wieder zugewachsen mit Efeu.« In *Traumlandschaft* (1935) schrieb sie, die 1933 von Deutschland nach Tirol gezogen war, 1941 nach Brasilien emigrierte, 1953 nach Österreich zurückkehrte und von 1956 bis zu ihrem Tod 1974 in Darmstadt lebte, über den Wegzug aus Vorarlberg: »Meine Heimat wurde zum Ursprung meiner Träume, mein Heimweh zum Wurzelstock aller späteren Blüten.«

Das Schloss befindet sich heute in Privatbesitz.

Über L 190/Reichsstraße und Vorarlberger Straße kommen wir ins Zentrum von Feldkirch.

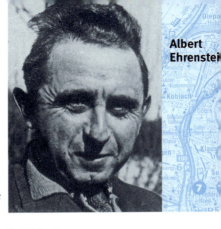

Albert Ehrenstein

Feldkirch

❽ Hotel Post
Früher Hotel zur Post
Logis von
Albert Ehrenstein
Schlossgraben 5

Der jüdische Lyriker und Schriftsteller Albert Ehrenstein (1887–1950) wohnte seit Mitte Dezember 1916 im Hotel zur Post. Er, der in antikapitalistischen, pazifistischen Kreisen verkehrt und die 12 Monate zuvor in Berlin und Leipzig als Lektor in den Verlagen Kurt Wolffs – er hatte dort u. a. Gottfried Benns Novellenband *Gehirne* betreut – und Samuel Fischers gearbeitet hatte, war mit seiner Lebenssituation unzufrieden und nervlich angegriffen. Er wollte in die Schweiz. Sein ursprüngliches Ziel war das Sanatorium Ludwig Binswangers (vgl. S. 105 ff.) in Kreuzlingen gewesen, wo ihm für Anfang Dezember eine kostenlose Unterbringung in Aussicht gestellt worden war. Stefan Zweig berichtete er an Heiligabend 1916: »Meine Nerven waren so kaputt, daß mir der preußische Kreisphysikus von Charlottenburg 2 Monate strengstes Sanatorium verordnete,

James Joyce mit seiner Tochter Lucia, 1924

Fischer gab mir so lang einen (da ich erst kurz bei ihm bin, unbezahlten) Urlaub, aber trotzdem unsere Berliner Botschaft u. die Fürstin Lichnowsky beim deutschen Generalstab wiederholt intervenierten, auch Zusagen erhielten, kann ich nach 14tägigem Warten nicht in Konstanz über die Grenze – Kreuzlingen ist ein Vorort davon, u. Binswanger hatte mir in seinem Sanatorium ebenso wie Schickele u. Frank einen Heilfreiplatz zur Verfügung gestellt.« So disponierte er um, wollte nun via Feldkirch nach Zürich fahren und die Schauspielerin Elisabeth Bergner wiedersehen, in die er sich hoffnungslos verliebt hatte. Am 31. Dezember wurde ihm endlich die Ausreise nach Zürich gestattet. Am 13. Januar 1917 meldete er sich von dort wieder bei Zweig: »Die Nerven rappeln sich zusammen ... Hier üppiges Provinzstadtleben, das ich Euch Allen wünsche!«

Nach dem Ende des Ersten Weltkriegs reiste Albert Ehrenstein viel, floh 1933 aus Deutschland und gelangte 1941 in die USA, wo er 1950 in einem Armenhospiz auf Welfare Island, New York, starb.

Wir gehen 25 Meter den Schlossgraben weiter.

⑨ Central-Hotel Löwen
Früher Hotel-Gasthof Löwen
Logis von James Joyce
Schlossgraben 13

Der irische Schriftsteller James Joyce (1882–1941) und seine Frau Nora (1886–1951), die seit 1920 in Paris lebten, trafen am 10. August 1932 in Feldkirch ein, bezogen ein Zimmer im Hotel Löwen und blieben bis zum 6. September. Sie wollten ihre psychisch kranke Tochter Lucia (1907–1982) wiedersehen. Eugene (1894–1952) und Maria Jolas (1893–1987), die Joyce durch die von ihnen herausgegebene Zeitschrift transition kennengelernt hatten und finanziell unterstützten, verbrachten den Sommer in Feldkirch und hatten sich nach einem Nervenzusammenbruch Lucias auf dem Pariser Bahnhof Gare du Nord im März – mehrere unglückliche Affären, u. a. mit Samuel Beckett, hatten sie nachhaltig traumatisiert – angeboten, sie zu pflegen. Bis Ende Mai war Lucia in einer Klinik in der französischen Provinz untergebracht; am

3. Juli begleitete James Joyce seine Tochter, für ihn eine Art Muse, nach Feldkirch. Er selber hielt sich wegen der Behandlung seiner fortschreitenden Erblindung die folgenden fünf Wochen in Zürich auf. In Feldkirch wohnte die als Tänzerin ausgebildete Lucia in der 1960 abgerissenen Villa Birnbaumer in der Bahnhofstraße und widmete sich kalligraphischen Arbeiten. Ab 1941 lebte Lucia Joyce, die auch von Carl Gustav Jung (vgl. S. 114 f.) untersucht und bei der schließlich Schizophrenie diagnostiziert wurde, bis zu ihrem Tod in psychiatrischen Kliniken in Großbritannien.

James Joyce, einer der bedeutendsten Autoren des 20. Jahrhunderts, arbeitete im August 1932 in Feldkirch an *The Mime of Mick, Nick and the Maggies*, dem zweiten Teil seines Buches *Finnegans Wake*, schrieb Briefe und Karten an Freunde, unternahm Ausflüge und Wanderungen entlang der Ill sowie Touren in die Berge und besuchte Konzerte. Die Stadt sagte ihm zu: »Wir verbrachten einen Teil des Sommers in Feldkirch, einer alten, netten Stadt. Die Leute gefielen mir gut – altmodisch und höflich.« Die Schwemme des Hotels Löwen taucht in *Finnegans Wake*, in dem Joyce zahlreiche Sprachen, Wendungen und Dialektausdrücke – in Feldkirch das Alemannische – spielerisch bis zur Unkenntlichkeit variiert, parodiert und transformiert und das 1939 erschien, als »vineshanky's schwemmy« auf. Er pflegte auch ein Ritual, das Jolas überlieferte – einen regelmäßigen Spaziergang zum Bahnhof von Feldkirch.

Wir nehmen die James-Joyce-Passage, die Unterführung unter dem Central-Hotel, gehen die Wichnergasse entlang, bis sie links in die Waldfriedgasse einbiegt, nehmen den nach 30 Metern rechts abgehenden Weg bis zur Kreuzung mit der Bahnhofstraße. Rechts sehen wir nun das Bahnhofsgebäude.

10 Bahnhof Feldkirch

»Um halb acht abends eilte er [Joyce] plötzlich zum Bahnhof«, erinnerte sich 1941 Eugene Jolas, »wo der Paris-Wien-Express täglich zehn Minuten hielt … ›Dort drüben auf den Schienen‹, sagte er eines Abends, ›wurde 1915 das Schicksal des *Ulysses* entschieden.‹ Er deutete an, dass in dieser österreichischen Grenzstadt während des Ersten Weltkriegs ein Unglück um ein Haar seine Ausreise in die Schweiz vereitelt hätte. Wenn der Zug schließlich einlief, stürzte er sich auf den nächsten Wagen, um die französischen, deutschen und jugoslawischen Beschriftungen zu studieren; dabei befühlte er die Buchstaben mit den sensitiven Fingern des fast Blinden. Dann fragte er mich gewöhnlich nach den Leuten, die ein- oder ausstiegen, und versuchte, etwas von ihren Unterhaltungen mitzukriegen. Wenn der Zug seine Fahrt fortsetzte, schwenkte Joyce auf dem Bahnsteig seinen Hut, als ob er einem lieben Freund eine gute Reise wünschte.«

Am 27. Juni 1915 hatte der Ire Joyce, der britischer Staatsbürger war und als Sprachlehrer im zu Österreich-Ungarn gehörenden Triest lebte, die adriatische Hafenstadt verlassen.

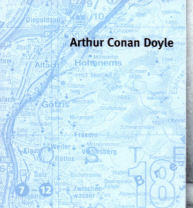

Arthur Conan Doyle

Sein Ziel war die Schweiz. Im Grenzbahnhof Feldkirch wurde der Zug nach Zürich penibel kontrolliert, und Joyce wartete stundenlang voller Angst auf die Weiterfahrt, drohte ihm doch infolge des Kriegseintritts Italiens auf Seiten der Alliierten eine Internierung als feindlicher Ausländer, sollte man etwas Verdächtiges bei ihm finden. Seine Angst war berechtigt, hatte er doch außer dem Manuskript des *Ulysses* noch weitere »Konterbande« in seinem Gepäck, persönliche und Geschäftsbriefe eines Triestiner Kaufmanns, der bei Kriegsausbruch nach Italien geflohen war und den k. u. k.-Behörden somit als Verräter galt. Doch die Dokumente entgingen den Zöllnern. Den österreichischen Behörden gegenüber musste Joyce sein Ehrenwort geben, sich in der Schweiz politisch neutral zu verhalten. Daran hielt er sich in den folgenden Jahren.

Am 16. Juni 2004 wurde die Löwen-Fußgängerunterführung zwischen Feldkirchs Alt- und Neustadt in James-Joyce-Passage umbenannt. Im Bahnhof erinnert seit April 2006 eine Tafel an Joyce' Zugaufenthalt.

Wir kehren zum Central-Hotel Löwen zurück, gehen die Neustadt links hinunter bis zum Rösslepark und Montforthaus und erreichen den Leonhardsplatz.

11 Internat »Stella Matutina« Logis von Arthur Conan Doyle
Leonhardsplatz 2/4

Arthur Conan Doyle (1859–1930), der einer katholischen Edinburgher Familie entstammte, besuchte im Schuljahr 1875/76 das von Jesuiten geleitete Internat »Stella Matutina«. In den Jahren zuvor hatte Doyle in England die jesuitischen Internate Stodder und Stonyhurst besucht. Nach dem strengen Reglement in Stonyhurst war die liberalere »Stella Matutina« für Doyle eine Wohltat. Es gefiel ihm in Feldkirch, »grünes Tal unter gewölbten Hügeln tausend Fuß unter dem Arlbergpass« nannte er es. Doyle lernte zwar nur wenig Deutsch, weil er meist mit anderen Schülern von den britischen Inseln verkehrte, trieb aber viel Sport. Er unternahm Wanderungen in die Berge, rodelte, spielte Fuß-

Vorarlberg

ball, eine Sportart, die 1874 englische Schüler eingeführt hatten, und entdeckte Stelzenfußball. Doyle spielte auch in der Musikkapelle. Weil er überdurchschnittlich groß war, konnte nur er das Bombardon meistern, die riesige Basstuba in Es oder F, »die wie ein Nashorn klang, das einen Steptanz wagte«, wie er selber sagte. Wichtiger war für ihn allerdings die Lektüre der Bücher Jules Vernes und Edgar Allan Poes.

Arthur Conan Doyle studierte nach seiner Rückkehr in Edinburgh Medizin und veröffentlichte 1887 A Study in Scarlet (Eine Studie in Scharlachrot), die erste Geschichte um Sherlock Holmes und Dr. Watson. Schon bald war er als Autor so erfolgreich, dass er seine Arztpraxis aufgeben und sich ganz der Literatur widmen konnte. In den 1920er Jahren galt der 1902 geadelte Schotte als bestverdienender Autor der Welt.

In seinem Roman Der Zauberberg (1929) weist Thomas Mann der Romanfigur Leo Naphta als Erziehungsort die »Stella Matutina« zu.

1900 zog das Internat in ein neues Gebäude in der Reichenfeldgasse 9. 1979 wurde die Schule geschlossen, und das Vorarlberger Landeskonservatorium bezog den Bau. Auf dem Leonhardsplatz wurde ein Einkaufszentrum mit Hotel errichtet.

Über die L 190 und die A 14/E 60 fahren wir in Richtung Innsbruck/Bludenz, biegen nach 19 Kilometern auf die L 188/Silvrettastraße, nehmen nach 800 Metern die L 188 in Richtung Schruns/Montafon und erreichen nach 9 Kilometern das Hotel Taube.

Schruns

⓬ Hotel Taube
Logis von
Ernest Hemingway und
John Dos Passos
Silvrettastraße 1

Der amerikanische Schriftsteller Ernest Hemingway (1899–1961) und seine erste Frau Elizabeth Hadley (1891–1979) hatten Vorarlberg und den Skisport im Winter 1924/25 für sich entdeckt. Sie wohnten von Mitte November bis kurz vor Ostern im Hotel Taube. Hemingway widmete sich dem Skifahren und Skiwandern, nahm an illegalen Pokerrunden teil, sang abends mit den Einheimischen und wurde wegen seines dichten dunklen Vollbarts und seines Alkoholkonsums von den Einheimischen »schwarzer, Schnaps trinkender Christus« genannt. Er überarbeitete in Schruns die erste Fassung seines Romans Fiesta, der 1926 erschien und ihm den literarischen Durchbruch bescherte. Auch die Kurzgeschichten Der Kämpfer und Ein Gebirgsidyll entstanden in Schruns.

Im Winter 1925/26 kamen die Hemingways ein zweites Mal zum

Ernest Hemingway (2. von li.) mit John Dos Passos (2. von re.) in Schruns im Winter 1925/26

Skifahren nach Vorarlberg, diesmal in größerer Runde, darunter die *Vogue*-Redakteurin Pauline Pfeiffer, die Hemingways zweite Frau werden sollte, und der Autor John Dos Passos (1896–1966), dessen Roman *Manhattan Transfer* kurz zuvor erschienen war.

»Wir aßen Forellen blau und tranken heißes Kirschwasser«, schwärmte Dos Passos noch 40 Jahre später. »Das Kirschwasser war in solchem Überfluß vorhanden, daß man es uns zum Abreiben gab, wenn wir von unseren Skiausflügen nach Hause kamen.«

Im Gegensatz zum sportlich ambitionierten Hemingway eignete sich Dos Passos gerade einmal Anfängerkünste im Skifahren an: »Wenn die Hänge zu steil wurden, hockte ich mich auf meine Skier und verwandelte sie in eine Art Schlitten. Ich wurde mächtig aufgezogen, als sich bei der Ankunft in Schruns herausstellte, daß ich mir ein Loch in den Hosenboden gescheuert hatte.« Nach der Rückkehr nach Paris spitzte sich die Ehekrise zwischen Ernest und Elizabeth Hemingway zu. 1927 ließen sie sich scheiden.

Am Hotel Taube, das noch heute besteht, wurde eine Hemingway-Gedenktafel angebracht.

Von Schruns fahren wir über L 188, A 14/E 60 und L 190 zurück nach Bregenz. Dort können wir mit der II. Tour fortfahren.
Dazu nehmen wir die A 43, die auf deutscher Seite zur A 96/E 43 wird. Nach 4 Kilometern an der Abfahrt Sigmarszell auf die B 308 abfahren und gegenüber der Bäckerei Dopfer, Biesings 4, rechts nach Thumen abbiegen, nach 100 Metern rechts in die Alte Landstraße und 400 Meter weiter links in die Leiblachstraße.

**Ein Maler, fasziniert vom
Meersburger Obertor,
umlagert von Kindern,
Anfang der 1950er Jahre**

II.
Spaziergänge von Lindau bis Meersburg

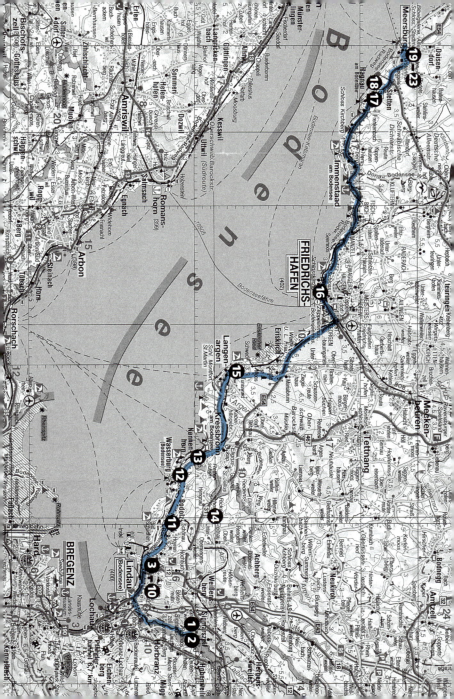

Der Adelinenhof, 1950er Jahre

Der Freistaat Bayern kann für sich den kleinsten Anteil am nördlichen Ufer für sich reklamieren. Die II. Tour, die über Langenargen bis nach Meersburg führt, beginnt in Sigmarszell, Ortsteil Thumen, an der Leiblachstraße. Hier stand der »Adelinenhof«, der in den 1960er Jahren abgerissen und durch ein neues Gebäude ersetzt wurde.

Sigmarszell
Ortsteil Thumen

1 »Adelinenhof«
Wohnhaus von
Norbert Jacques
Leiblachstraße 5

Der aus Luxemburg stammende Schriftsteller Norbert Jacques (1880–1954) hatte 1918 Schloss Geisberg nahe Kreuzlingen erworben, sich damit aber finanziell überhoben (vgl. S. 122). Bereits nach einem Jahr musste er das Anwesen verkaufen. In Thumen erwarb er 1920 einen Bauernhof, den er nach seiner jüngsten Tochter »Adelinenhof« nannte. Hier wohnte er bis Anfang der 1950er Jahre. »Das Haus war neu und scheußlich, billig gebaut, doch geräumig. Viele Obstbäume standen in den Wiesen, die alle den besten Boden hatten«, schrieb er in seiner Autobiographie *Mit Lust gelebt*. Während des Umbaus quartierte er sich mit seiner Frau, dem Sohn Ulrich, der drei Jahre später starb, und den Töchtern Aurikel und Adeline im Gasthaus des grenznahen österreichischen Dorfes Bad Diezlings ein, auch später ein von ihm häufig und gern besuchtes Gasthaus. Seine halsbrecherischen Fahrten mit einem Gigwagen, einer hochrädrigen Kutsche, nach und von Bad Diezlings waren berüchtigt.

1920 schrieb Jacques innerhalb von 20 Tagen den Roman *Doktor Mabuse, der Spieler*, angeregt durch die Beobachtung eines merkwürdig stillen, auf ihn dämonisch wirkenden Mannes auf einem Bodenseedampfer. Eigenen Angaben zufolge brachte er die Geschichte um das geniale Verbrechergenie, einen Psychoanalytiker mit hypnotischen Talenten und tausend Gesichtern, mitten im Gedränge der Gaststube zu Papier. Dies dürfte aber nur zum Teil stimmen, wahrscheinlich stellte er den Bestseller im ru-

Lindau bis Meersburg

Norbert und Margerite Jacques auf ihrem Segler »Sturmbock« während der Hochzeitsreise

higen Gastzimmers eines Bauernhofs in Sigmarszell-Hubers fertig. 1922 wurde das Buch von Fritz Lang und Thea von Harbou für die Leinwand adaptiert. Der Stummfilm mit Rudolf Klein-Rogge in der Hauptrolle bescherte Fritz Lang den Durchbruch als Regisseur.

Norbert Jacques, neben seiner literarischen Produktion auch für Filmfirmen tätig, unternahm weite Reisen (vgl. S. 122). 1928 überquerte er die Anden, ein Jahr später reiste er allein von Ägypten nach Rhodesien, heute Zimbabwe. Den Dorfbewohnern war er nicht ganz geheuer. Besucher des »Adelinenhofs« erinnerten sich vor allem an einen großen Totempfahl im Wohnzimmer, Schrumpfköpfe aus Ozeanien, Erinnerungsstücke aus Südamerika und an eine illustre Schar von Gästen. Denn der trinkfeste Autor, der 1922 die deutsche Staatsbürgerschaft annahm, war sehr gastfreundlich. In Thumen besuchten ihn Künstler- und Filmfreunde, so etwa Fritz Lang und der Schriftsteller Kasimir Edschmid. 1938 floh seine jüdische Frau in die USA. 1939 ließ sich Jacques scheiden und heiratete ein Jahr später die 36 Jahre jüngere Maria Jäger. Im Mai 1945 setzte ihn die französische Armee kurzzeitig als Bürgermeister (und Standesbeamten) ein.

Wir gehen zurück zur Alten Landstraße und biegen nach 30 Metern links in den Norbert-Jacques-Weg ein.

❷ Wohnhaus von Norbert Jacques
Thumen Nr. 24
Norbert-Jacques-Weg 3

Obwohl Norbert Jacques seitens der Nationalsozialisten Schikanen ausgesetzt war, hatte er nach der Besetzung Luxemburgs 1940 drei Vortragsreisen durch sein Geburtsland unternommen. Dabei vertrat er die offiziellen »Heim ins Reich«-Parolen. Im Sommer 1945 wurde er denunziert, als Bürgermeister abgesetzt, verhaftet und von der französischen Militärpolizei in Lindau-Reutin interniert. 1946 wurde er »für immer« des Großherzogtums Luxemburg verwiesen.

Seine geschiedene Frau kehrte nach zwei kürzeren Aufenthalten 1954 endgültig nach Sigmarszell zurück. Ihr und seinen beiden Töchtern hatte er um 1950 herum den »Adelinenhof« überschrieben, den sie 1961 verkauften. Jacques zog mit seiner zweiten Frau Maria und ihrer gemeinsamen kleinen Tochter Bibiane in das zum Anwesen gehörende Haus Thumen Nr. 24. Er wohnte damals abwechselnd in Hamburg und Sigmarszell, dessen Ehrenbürger er war. Jacques

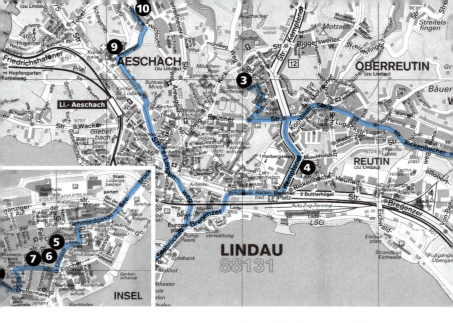

reiste Anfang der 1950er Jahre ein letztes Mal durch Südamerika und veröffentlichte 1953 darüber *Von Feuerland bis zum Äquator*. Seine Autobiographie konnte er nicht mehr vollenden. Am 15. Mai 1954 starb er in Koblenz am Vorabend einer Lesung auf einem Weinfest. Sein Grab befindet sich auf dem Friedhof der Sigmarszeller Pfarrkirche St. Gallus, an dessen Nordostseite eine Gedenktafel für ihn angebracht wurde.

Von hier fahren wir die Bodensee-, Hangnach- und Leiblachstraße Richtung Süden, biegen in Oberhochsteg vom Hangnachweg auf die Oberhochstegstraße ab und kommen über Rickenbacher, Steig- und Köchlinstraße in die Reutiner Straße, von der wir in den Roßweideweg abbiegen. Über Danziger Weg, Albert-Schweitzer-Straße und Senftenau erreichen wir das Schloss Senftenau.

Lindau

❸ Schloss Senftenau
Sommerwohnsitz von
Bruno Wille
Senftenau 1/Willeweg

Der 1860 geborene Schriftsteller und Naturphilosoph Bruno Wille verbrachte zwischen 1918 und 1928 die Sommermonate auf Schloss Senftenau. In der um einen kleinen Innenhof angeordneten Vierflügelanlage, deren Kern aus dem 14. Jahrhundert stammt und die im 16. und 18. Jahrhundert umgestaltet wurde, starb Wille am 31. August 1928. Den einstigen Theologiestudenten, später ein gefragter Versammlungsredner, der einen ethischen, kulturelitären Sozialismus propagierte, hatte Ende des

August Strindberg und seine Frau Siri beim Brettspiel

Bruno und Emmy Wille, um 1924

19. Jahrhunderts Überdruss am »naturlosen Großstadtleben« ergriffen, und er zog sich in mystisch-philosophische, versponnene Innerlichkeit zurück. *Einsiedelkunst aus der Kiefernheide* hieß programmatisch eines seiner Bücher. Am Bodensee griff er auch lokale Stoffe auf, schrieb über Friedrich Hölderlin, stellte die *Legenden von der heimlichen Maid* zusammen und verfasste sein letztes großes erzählerisches Werk, *Die Maid von Senftenau* (1922). In diesem »Bodensee-Roman« lässt er die Stadt Lindau in einer apokalyptischen Springflut untergehen und das auf der Senftenau lebende Paar Hildegard und Konrad ein mystisch-pantheistisches Ende finden.

Das Schloss wurde vor einigen Jahren umfassend renoviert und befindet sich heute in Privatbesitz.

Wir gehen die Reutiner Straße zurück bis zum Restaurant Köchlin und folgen rechts 1,5 Kilometer lang der Kemptener Straße (B 12).

❹ Villa Issigatsbühl
Wohnung von
August Strindberg
Kemptener Straße 14

Anfang Januar 1887 war der schwedische Schriftsteller August Strindberg (1849–1912) mit seiner Frau Sigrid, genannt Siri, von Essen (1850–1912) und den Kindern Karin, Grete und Hans nach Aufenthalten in Frankreich und der Schweiz nach Lindau gezogen. Eingeladen hatte ihn der Buchhändler Wilhelm Ludwig, der frühe Arbeiten Strindbergs übersetzt hatte.

In der Villa Issigatsbühl, die der Freifrau von Geismar, einer Offizierswitwe, gehörte, bewohnten die Strindbergs bis Juni 1887 das Obergeschoss, Ludwig mit seiner Familie das Parterre. Das Grundstück reichte damals 200 Meter weiter nach Norden, 400 Meter nach Osten und endete in südlicher Richtung erst am See. Hier schrieb Strindberg von Ende Januar bis Mitte Februar das Drama *Der Vater*. Ludwig stellte ihm auch Offiziere der Lindauer Garnison vor, deren militärische Attribute Strindberg – ein hemmungsloser Bismarck-Bewunderer – wohl für die Titelfigur seines

Schauspiels verwendete. Seinem Stockholmer Verleger Albert Bonnier schrieb er: »Zum 1. Mal in meinem Leben wohnhaft in Deutschland. Nach französischer Absinthaufhetzung und schweizer Hirtenlebenpimpelei, bin ich endlich in einem Land, wo das Patriarchat und Mannesglied noch in Ehre und Achtung gehalten werden.«

Entscheidender für den Lindauer Aufenthalt war jedoch die Eskalation der lange schwelenden Ehekrise. Wie häufig bei Strindberg vermengten sich Fiktion und Wahrheit, Leben und Dichtung. Schon in *Der Vater* hatte er Elemente der eigenen Situation einfließen lassen: Eifersucht, Verrat, die Angst vor Geistesgestörtheit, sexuelle Impotenz und das Ringen zwischen Mann und Frau um Macht und Autorität. Strindberg unterstellte seiner Frau Ehebruch und versuchte, Freunde dazu zu bringen, ihm Beweise für ihre Untreue und eine lesbische Neigung zu präsentieren. Seine Gefühlslage zu seiner Frau Siri war komplex: Er liebte sie, und er hasste sie. So zählte das Frühjahr, wie Strindberg schrieb, »mit vorbehaltloser Liebe, endlosen Umarmungen, mit vierhändigem Klavierspiel, Puffspielpartien« für ihn einerseits zu den »schönsten Tagen meiner letzten fünf Jahre«. Aus Wien, wo er sich im April aufhielt, schrieb er Siri täglich zwei Liebesbriefe. Andererseits sandte er Freunden enthemmte Wuttiraden zu, in denen er über seine Frau herzog. Immer wieder konfrontierte er seine Frau mit Anschuldigungen, er sei nicht der leibliche Vater der Kinder. In der Schweiz ließ er sich Zeugungsfähigkeit attestieren und beschwor Freunden gegenüber die Gefahr, dass ihn seine Frau und der Buchhändler Wilhelm Ludwig, den er als »Reptil, Preuße und Jude« beschimpfte, ins Gefängnis werfen wollten.

Der Versuch, im Mai 1887 nach Schweden zurückzukehren, das er 1878 wegen eines Gotteslästerungsprozesses hatte verlassen müssen, scheiterte. Zurück in Lindau, kündigte er die Wohnung, die ihm zu teuer geworden war, und bezog im Juni Zimmer in einem Bauernhof in Lindau-Hochbuch (vgl. S. 38).

Von hier gehen wir nach Süden, nehmen am Berliner Platz (Kreisverkehr) die Bregenzer Straße nach rechts und folgen ihr an der 1. Ampel links über den Europaplatz auf die Lindauer Insel. An der Heidenmauer biegen wir halb rechts in die Schmiedgasse und gehen diese bis zum Marktplatz. Hier beginnt der Spaziergang vor dem Haus am Cavazzen, heute Stadtmuseum. Wir gehen nach links in die Linggstraße, die frühere Kirchstraße, wo das Geburtshaus von Hermann von Lingg steht.

5 Geburtshaus von Hermann von Lingg
Linggstraße 8
(Früher Kirchstraße 8)

Am 22. Januar 1820 wurde hier der Dichter Hermann Lingg geboren. Sein Vater Ambros war Jurist und laut Lingg »der erste Katholik, der in der protestantischen Stadt ein öffentliches Amt bekleidete«. Als Hermann sieben Jahre alt war, verließ die Familie das »ungesunde Haus«, in dem Hermanns ältere Schwester gestorben war, und zog aufs Festland. Für den Jungen war das neue Haus an der Landstraße, der heutigen Bregenzer Straße, »hoch an einem Bache gelegen, über den eine Brücke führte, weshalb es ›auf der Achbrücke‹ hiess«, so Lingg in einer Kindheitserinnerung, ein Paradies. Zusätzlich besaß die Familie bis zum Tod des Vaters 1841 einen Rebgarten mit Gartenhaus in Degelstein, heute zu Lindau-Bad Schachen gehörig.

Lingg wurde Anfang der 1830er Jahre auf die Lateinschule in Kempten geschickt, studierte Medizin und etablierte sich in München mit historischen Epen und Bühnenstücken als Schriftsteller. Seine familiären Bindungen zu Lindau blieben eng. Verwandte betrieben ein Wirtshaus in Hergensweiler, wo er sich 1849 einige Monate zur Genesung aufhielt; sein jüngerer Bruder Heinrich erwarb eine Villa am Schachener Ufer. 1887 verfasste Lingg, Ehrenbürger Münchens und Lindaus und inzwischen geadelt, einen Hymnus anlässlich der Einweihung des Lindavia-Brunnens auf dem Lindauer Reichsplatz. Am 26. August 1896 ließ der Lindauer Magistrat an seinem Geburtshaus eine Gedenktafel anbringen. Vier Jahre später wurde das Haus abgebrochen, durch einen Bau für katholische Pfründner ersetzt und die Tafel von neuem angebracht. 1920 stellte die Stadt Lindau einen Gedenkbrunnen für den 1905 verstorbenen Autor an der straßenseitigen Grundstücksmauer auf. Ihm zu Ehren wurde die Kirchstraße umbenannt und trägt heute seinen Namen.

Wir gehen 15 Meter weiter.

6 Wohnung von William Becher
Linggstraße 16

»Geboren z'Dresden, aufgewachsen und verdorben z'Züri, verkommen und verhockt z'Lindau.« Das war das sarkastische und bittere Fazit, das der Schriftsteller William Becher in *Die Maske* zog. Typisch für Leben und Schicksal des Dichters, dass sich diese Bemerkung in seinem autobiographischen Künstlerroman findet, dessen geplantes Erscheinen nach 1945 der Konkurs des Bregenzer Homunkulus-Verlags verhinderte.

Der 1898 geborene Maler und Lyriker war in Zürich aufgewachsen und hatte dort drei Jahre lang die Kunstakademie besucht. 1919 bezog er die Wohnung in der Linggstraße und lebte hier bis zu seinem Tod 1969. In Lindau blieb der sensible, herzkranke, zu Depressionen neigende Becher eine randständige Erscheinung. Aufgehoben fühlte er sich nur in der Natur und im Kreis seiner Familie, der geliebten Ehefrau Hedwig, einer Lindauer Färberstochter, die von ihrer Familie wegen der Heirat mit Becher verstoßen worden war, und seiner vier Kinder. 1942 wurde er als system-

Hans Christian Andersen auf Reisen

kritisch denunziert und saß zwei Monate in Haft. »Warum um Himmels willen ist mein ganzes Leben Trauer und Missverständnis? Was geschah mit mir? Wo ist Lindau, mein sonniges Lindau?«, vertraute er damals seinem Tagebuch an. »Wo mein kleines altes Haus an der Linggstraße, die Treppe, die Küche, mein Bett, mein Tisch? Wo ist das alles?«

Nach 1945 blieb die Anerkennung als Autor trotz der Veröffentlichung des Gedichtbands *Der Wanderer* schütter, auch wenn sich Hermann Hesse, mit dem er korrespondierte, für ihn einsetzte. 1957 erhielt William Becher den nach Hesse benannten Literaturpreis. Seinen Lebensunterhalt verdiente er einige Zeit als Hilfsarbeiter in der Stadtbücherei Lindau. »Wehe dem Mensch«, so William Becher, »der als Dichter über diese Welt gehen muß.«

Heute erinnert eine am Haus angebrachte Gedenktafel an ihn.

Wir gehen 20 Meter weiter und biegen rechts in die Ludwigstraße ein.

❼ Hotel Krone
Logis von Hans Christian Andersen, Michel de Montaigne, August von Platen und Richard Wagner
Ludwigstraße 3/Kronengasse (Früher Ludwigstraße 14)

Das Hotel Krone, 1492 erstmals urkundlich erwähnt, war das älteste und bis ins 19. Jahrhundert hinein führende städtische Gasthaus für Fernreisende nach und von Italien.

So stieg zum Beispiel der dänische Märchendichter Hans Christian Andersen, von Augsburg und Kempten kommend, erstmals am 28. Juni 1852 hier ab, notierte in seinem Tagebuch: »Um 9 Uhr näherten wir uns Lindau und dort in die Krone, nachdem wir unsere Pässe abgegeben haben. Aussicht nach Süden und schönes

Mondlicht«, und reiste am nächsten Morgen weiter. Er stieg auf seinen Fahrten gen Süden – er soll insgesamt neun Lebensjahre auf Reisen verbracht haben – jeweils im Juli 1858, 1860, 1861 und 1873 in der »Krone« ab.

Knapp drei Jahrhunderte vor ihm kam auf seiner Reise durch Deutschland und die Schweiz bis nach Italien auch Michel de Montaigne (1533–1592) am 10. Oktober 1580 nach Lindau. Der französische Philosoph und seine vier ebenfalls adligen Begleiter stiegen für eine Nacht in der »Krone« ab. 1580 waren der erste und zweite Teil seiner *Essais* erschienen. Auch sein *Reisetagebuch*, das erst 1774 publiziert wurde, zeugte von seiner vorurteilsfreien Beobachtung der Welt und der Menschen.

»Der Herr von Montaigne«, hielt sein Sekretär fest, »machte dort auch einen Versuch, sich im Bett mit einer Federdecke zu bedecken, wie es dort Gebrauch ist, und war damit sehr zufrieden; er sah, daß es eine zugleich warme und leichte Bedeckung war. Überhaupt fand er, daß nur empfindliche Männer sich dort über das Schlafen beklagen könnten; wer eine Matratze, die dort unbekannt ist, und einen Betthimmel in seinen Koffern mitschleppen würde, fände nichts mehr auszusetzen.« Präzise beschrieb Montaigne die abwechslungsreiche, üppige Küche, war von den »zarten Fleischspeisen« überrascht und nahm die oberdeutsche Sitte an, den Wein ohne Wasser zu trinken. Die Preise fand er hoch, aber der Qualität angemessen. Die Einheimischen erschienen ihm als »ruhmredig, hitzig und trunksüchtig«, aber »sie sind, meinte der Herr von Montaigne, weder unzuverlässig noch unehrlich«. Am 11. Oktober reiste er nach dem Frühstück weiter nach Wangen.

Am 28. Juni 1816 traf der Offizier und spätere Dichter August von Platen (1796–1835), aus München kommend, kurz vor Mitternacht in Lindau ein. Der Bodensee war der Auftakt einer Reise in die Schweiz. Diese sollte als Therapie dienen, der Ortswechsel ihn von seinen unerwiderten homosexuellen Neigungen zu Offizierskollegen ablenken. »Wohl zerrüttet und wohl zerschellt, wohl durchnäßt und wohl beschmutzt«, so Platen, stieg er in der »Krone« ab. Er genoss am folgenden Tag die Sicht auf die Alpen, bestieg den Leuchtturm, beobachtete von dort einen aufziehenden Sturm und besichtigte die Stadt. Abends nahm er statt des Postboots nach Konstanz, was das Wetter verhinderte, die »Extrapost« nach Meersburg, das er »Mörsburg« nannte.

Am 2. August machte er auf der Rückreise wieder Station in Lindau und bekam dasselbe Zimmer in der »Krone« wie auf der Hinfahrt. In seinem Tagebuch notierte er: »Hier beginne ich denn das elfte Buch dieser Lebensblätter; wird mit diesem das Reich der Vernunft beginnen?« Die scheinbaren Widrigkeiten und Zufälle der Reise deutete er als Beweise für »die Vorsehung und waltende Güte Gottes, die wir blinden Menschen so oft verkennen«. Am Abend des 3. August bestieg Platen die Kutsche und traf nach zwei Nächten und anderthalb heißen Tagen in München ein. Am Morgen des 5. August »stand er«, schreibt sein Biograph Peter Bumm, »auf dem hochsommerlichen Marsfeld und musste ›Rekruten abrichten‹.«

August von Platen als Student

Richard Wagner. Lithographie Hanfstaengel nach einem Gemälde von Clementine Stocker-Escher, 1853

1818 wurde Platen vom Militärdienst beurlaubt, studierte in Würzburg Rechtswissenschaften und ab 1819 in Erlangen Sprachen und Literatur. Mit Literaturkomödien und Balladen wurde er bekannt, seine antikisierende Lyrik hingegen erschien seinen Zeitgenossen als zu stark dem Klassizismus verhaftet. Seit 1827 lieferte er sich mit Heinrich Heine einen erbitterten öffentlichen Streit. Platen, der sich als verkanntes Genie empfand, beschuldigte Heine, Spottepigramme Karl Immermanns in den zweiten Teil seiner *Reisebilder* aufgenommen zu haben, die ihn, Platen, als Epigonen Goethes darstellten und lächerlich machten. Den 1825 getauften Juden Heine karikierte er daraufhin antisemitisch-böse in einem Theaterstück, woraufhin dieser Platens Homosexualität öffentlich machte und ihn höhnisch als Versager bloßstellte. Dieser »Vernichtungskrieg« (Heine) ging als einer der schärfsten Autorendispute in die deutsche Literaturgeschichte ein. Wegen der antisemitischen Attacken Platens scheiterte Heines Bewerbung um eine Professur in München, desillusioniert verließ er 1831 Deutschland und zog nach Paris, wo er 1856 starb. Platen lebte seit 1826 im italienischen Exil und starb 1835 in Syrakus auf Sizilien.

Der Komponist Richard Wagner (1813–1883), Königlich-Sächsischer Kapellmeister an der Dresdner Oper, traf am 27. Mai 1849 kurz vor Mitternacht in Lindau ein – als Flüchtling. Wagner war, wie es sein Biograph Martin Gregor-Dellin treffend formulierte, im Frühjahr 1849 »die Sturmglocke und das Mundstück der Revolution« in Sachsen gewesen. Am 8. April hatte er eine Hymne auf die Revolution veröffentlicht. Am 9. Mai musste er aus Sachsen fliehen. Seither wurde nach ihm gefahndet. Der Steckbrief gibt als einziges Lebensdokument seine genaue Körpergröße an: 5 Fuß 5 1/2 Zoll, umgerechnet 166,5 Zentimeter. Wagners Ziel war Paris. Man riet ihm, das scharf kontrollierte Baden zu meiden und via Bayern und Schweiz zu reisen. Ein befreundeter Professor aus Tübingen stellte Wagner seinen (abgelaufenen) Pass zur Verfügung. In Lindau wurde ihm dieser zur Kontrolle abgenommen. Wagner stieg in der »Krone« ab, fand aber vor Anspannung keinen Schlaf; der Sachse übte für den Ernstfall eines Verhörs, bereits »schwäbisch zu reden, um als Stuttgarter gelten zu können«. Am nächsten Morgen wurde ihm der mit einem Visum für die Schweiz versehene Pass ohne Beanstandung wieder ausgehändigt, und er nahm sporntreichs das erste Schiff nach Romanshorn. In Rorschach schrieb er seiner Frau Minna erleichtert: »Mein liebes, treues Weib! Glücklich bin ich auf dem Schweizerboden angekommen!« Und jubilierte: »Ich bin im Sichren!« Einen Tag später lieferte er mehr Details: »Die vier Reisetage bis hieher bei der großen Hitze und nach der stärksten Aufregung, bei nur einer Nacht Schlaf (in Coburg) haben mich außerordentlich angegriffen; mein Blut ist in der furchtbarsten Aufregung u. scheint mir immer zu den Ohren herausdringen zu wollen; wäre ich noch einen Tag ohne Unterbrechung weitergereist, so fürchte ich, hätte mich ein Schlagfluß getroffen.«

Wagner reiste weiter nach Paris, doch der Aufenthalt dort war verdrießlich und erfolglos. Schon am 6. Juli war Wagner wieder zurück in Zürich. Seine Frau Minna musste er lange bitten, ihm dorthin zu folgen. »Du wirst es hoffentlich, mein lieber Richard, einsehen«, schrieb sie ihm am 18. Juli, verbittert über den gesellschaftlichen Statusverlust, »daß ich, indem ich zu Dir komme, kein kleines Opfer bringe. Was für einer Zukunft gehe ich jetzt entgegen, was kannst Du mir bieten?« Erst Anfang September 1849 traf sie mit Tochter Natalie, Hund Peps und Papagei Papo in Zürich ein.

Bis 1859 lebte Richard Wagner in Zürich, wo er große Teile des *Rings des Nibelungen* komponierte, danach in

Horst Wolfram Geißler (re.) während der Dreharbeiten zum Film *Der Liebe Augustin* im Gespräch mit dem Drehbuchautor Dino Larese, 1959

Venedig, Luzern und Wien. 1862 trennte er sich von Minna, heiratete 1870 Cosima Liszt und zog 1872 nach Bayreuth, wo er sein Festspielhaus 1876 mit der zwei Jahre zuvor vollendeten Ring-Tetralogie eröffnete.

Das Hotel Krone lag ursprünglich direkt am See, was sich erst 1811 im Zuge der Neugestaltung von Hafen und Brettermarkt änderte. 1918 wurde die Nutzung als Hotel und Gasthof eingestellt und das Gebäude an das benachbarte Institut der Englischen Fräulein, heute Maria-Ward-Schule, verkauft. In den 1930er Jahren durch einen Flachbau ergänzt, diente es später als Auktionshaus und steht derzeit leer.

Wir gehen die Ludwigstraße bis zum Reichsplatz, dort in Richtung Hafen und biegen rechts in die Dammgasse.

8 Haus Zum Lieben Augustin
Dammgasse 4

»Ach, du lieber Augustin, / alles ist hin, alles ist hin« – das berühmte Lied des Lieben Augustins entstammt dem berühmtesten Bodensee-Buch. Horst

36 | Lindau bis Meersburg

Wolfram Geißler (1893–1985), der seit 1912 in München lebte, veröffentlichte *Der liebe Augustin. Die Geschichte eines leichten Lebens* 1921. Angeregt von einer 1919 unternommenen Bodenseereise begann er den erfolgreichsten Roman seiner langen Autorenkarriere, der 1960 an Originalschauplätzen in Lindau verfilmt wurde. Seinen fröhlich-unbeschwerten Protagonisten Augustin Sumser lässt Geißler Ende des 18. Jahrhunderts aus Mittenwald an den Bodensee reisen, wo der gelernte Geigenbauer zum erfolgreichen Spieldosenmacher wird und im Haus Dammgasse 4 wohnt, »ein winziges, uraltes, gelbes Haus; auf dem vorgebauten ersten Stockwerke«, heißt es im Roman, »sitzt das hohe, spitzgiebelige Dach, und das ganze Ding schaut in die Welt, als ob es sein Lebtag nur lustige Leute gesehen habe. Es war undenkbar, daß der liebe Augustin dieses Häuslein erblickte, ohne sogleich der Überzeugung zu sein, es habe all die Jahrzehnte her auf ihn, nur auf ihn gewartet.« Augustins Liebe gilt der Fürstäbtissin Friederike von Bretzenheim, er vermittelt später zwischen Österreich, Bayern und der französischen Besatzungsmacht und stirbt, selig schon auf Erden, bei einem Unfall in den Armen der Fürstäbtissin. Der Roman bildet die Topographie der Inselstadt präzise ab, so stimmt der Titelheld im Hotel-Gasthof Goldenes Lamm in der Schafgasse 3 erstmals sein Lied an. Die Stadt wird in ein Buch verwandelt, »hingebettet zwischen den grünen Samt der Wälder und die lichte Seide des Wassers«, so Geißler.

Das Gebäude fungiert heute als Hochzeitshaus. In der Nähe des Mangturms am Lindauer Hafen wurde eine Plastik aufgestellt, die Augustin und die Fürstäbtissin darstellt.

Wir verlassen die Insel und fahren über den Langenweg zum Aeschacher Markt, nehmen dort die Friedrichshafener Straße (Li 16/B31 alt) und biegen nach einem Kilometer in die Schöngartenstraße. Nach 500 Metern erreichen wir den

9 Hof der Familie Haug Wohnung von August Strindberg
Eichbühlweg 12/ Preisinger Weg 14

Anfang Januar 1887 hatte sich der schwedische Schriftsteller Strindberg mit seiner Familie in Lindau niedergelassen. Nach dem fehlgeschlagenen Versuch einer Rückkehr nach Schweden verließen August und Siri Strindberg die Villa Issigatsbühl im Juni 1887 und mieteten sich im Erdgeschoss des Bauernhofs der Familie Joseph Haug ein. Einen Raum im ersten Stock nutzte Strindberg als Arbeitszimmer. Den bis heute unverändert weiten Blick aus dem Fenster nach Südosten über Wiesen mit Obstbäumen genoss er: »Von dort oben hörte ich das Gezwitscher der Stare, die auf den Rebenpfählen hockten, das Pfeifen der Jungenten, das Zirpen der Grillen, die Kuhglocken, und in dieses muntere Konzert mischte sich das Lachen meiner Kinder, die Stimme meiner Frau, die der Gärtnersfrau Anweisungen gab.« Von den Bauernkindern ließ er sich aus Lindau Krüge mit dunklem Münchner Salvatorbier bringen, ohne das er nicht schreiben wollte. Er zündete hinter der heute nicht mehr existierenden Gartenlaube Raketen für die Kinder und arbeitete in seiner freien Zeit im Garten mit. Hier schloss er den poetischen Roman *Die Hemsöer* ab, der in seiner Heimat spielte. »Mit dem Tod im Herzen«, so der unfreiwillig exilierte Strindberg, brachte er diese »Sommererinnerungen aus unvergesslichen Tagen in den Stockholmer Schären« zu Papier.

Das Zerwürfnis der Ehepartner erreichte in jenem Sommer seinen Höhepunkt. Strindberg, der seiner eigenen Familie wie den Bauern Haug wegen seiner heftigen Stimmungsschwankungen und der jähen, gewalttätigen Wutanfälle als geisteskrank galt, reichte Anfang August die Scheidung ein. Es ist bis heute umstritten, ob Strindberg tatsächlich psychisch krank war oder ob er die Krisen inszenierte, um sie später dichterisch zu nutzen. »Das *Plädoyer eines Irren* war in Vorbereitung«, meint beispielsweise der Strindberg-Biograph Rüdiger Bernhardt, »also mussten entsprechende Erfahrungen gemacht werden.«

Im Oktober 1887 verließ Strindberg Lindau, vier Wochen später folgte ihm seine Familie. Sie ließen sich in Dänemark nieder. 1892 wurde die Ehe geschieden, Siri zog mit den Kindern nach Helsinki, August Strindberg nach Berlin. Strindbergs Tochter Karin (1880–1973) hielt Briefkontakt mit der Familie Haug und kam später mehrmals nach Lindau.

Der Schreibtisch, an dem Strindberg *Die Hemsöer* schrieb und *Das Plädoyer eines Irren* begann, ist erhalten und befindet sich heute im Besitz einer Lindauer Familie.

Elisabeth und Armand von Ardenne, Brautbild 1873

Margarete (Daisy) Weyersberg (li.) und Elisabeth von Ardenne im Garten ihres Hauses

Von hier gehen wir den Preisinger Weg 80 Meter weiter und biegen links ein in den Hochbucher Weg.

❿ Wohnung von Elisabeth von Ardenne Hochbucher Weg 45

Effi Briest wohnte am Bodensee. Im Mai 1918 war die 1853 geborene Elisabeth von Ardenne, geborene Freiin von Plotho, zusammen mit der 25 Jahre jüngeren nervenkranken rheinischen Fabrikantenerbin Margarethe Weyersberg, genannt Daisy, von Berlin nach Lindau gezogen. Sie betreute Daisy als Krankenpflegerin fast 50 Jahre lang und lebte in dieser Villa bis zu ihrem Tod 1952. Nach dem Umzug an den Bodensee war Elisabeth von Ardenne vom ersten Eindruck der Landschaft mehr als angetan: »Der Blick sucht seines Gleichen, wirklich großartig schön, immer abwechslungsreich, nie beengend. Auch das Land, direkt vor unserem Haus, kann ich mir nicht anziehender und reizvoller denken, voller Überraschungen durch Mulden u Thäler, alles überzogen von wunderbar üppigen Wiesen, die jetzt Mitte Mai geschnitten, sofort aber wieder grünen werden, drei bis siebenmal den Sommer.«

Seinem Roman *Effi Briest* (1895) legte Theodor Fontane (1819–1898) Motive ihrer Lebensgeschichte zu Grunde. Elisabeth von Ardenne wollte sich 1886, nach 13 Jahren Ehe, in Berlin von ihrem Mann, einem Offizier, scheiden lassen und den Amtsrichter Eduard Hartwich heiraten. Doch ihr Gatte kam ihr zuvor, reichte seinerseits die Scheidung ein und forderte Hartwich am 27. November 1886 zu einem Aufsehen erregenden und Schlagzeilen machenden Duell, bei dem Hartwich tödlich verletzt wurde. Die Ehe wurde 1887 aufgelöst, die Kinder wurden dem Vater zugesprochen. Seit 1889 war Elisabeth von Ardenne als Krankenpflegerin tätig. Im Gegensatz zu Fontanes Effi Briest erlitt sie nach dem Tod des Geliebten keinen Zusammenbruch und starb auch nicht jung. Elisabeth von Ardenne erreichte vielmehr ein Alter von 99 Jahren und wurde auf dem Friedhof Stahnsdorf bei Berlin begraben. Ihr Enkel war der Dresdner Naturwissenschaftler und Hochschulprofessor Manfred von Ardenne.

Wir fahren zur Friedrichshafener Straße (Li 16/B 31 alt) zurück und folgen ihr fünf Kilometer bis Bodolz. Dort fahren wir am Kreisverkehr hangabwärts nach links, folgen der Enzisweilerstraße bis zur Kreuzung Schachener Straße, fahren hier nach rechts, biegen nach zwei Kilometern in den Lindenhofweg ab und folgen diesem bis ans Ende. Am Degelsteinweg stand ein Haus, das Ende der 1980er Jahre abgerissen und durch einen Neubau ersetzt wurde.

11 Wohnung und Atelier von Georg Muche
Degelsteinweg 11

1963 bezog der Maler Georg Muche (1895–1987) hier eine Wohnung mit Atelier, in der er bis zu seinem Tod lebte. Fünf Jahre zuvor war er an den Bodensee, nach Wasserburg-Hege, gezogen. Muche hatte 1916 in der Berliner Galerie »Sturm« zusammen mit Max Ernst ausgestellt. 1920–1927 am Weimarer Bauhaus tätig, gründete Muche 1938 die Meisterklasse für Textilkunst an der Textilingenieurschule in Krefeld, die er 20 Jahre lang, bis zu seiner Pensionierung, leitete.

Der Dichter Theodor Däubler hatte über die Arbeiten des 20-jährigen euphorisch geschrieben: »Es ist, als ob der junge Muche den Weltbrand hinter den Dingen schauen könnte, so prachtvoll gischten seine glühenden Farben von allem Gegenständlichen weg.« Von schwerelosem, licht- und farberfülltem Schweben las man noch 70 Jahre später in Würdigungen seines sich der Figuration annähernden Spätwerks. In den Jahren am Bodensee beschäftigte sich Georg Muche viel mit Poesie, mit Gedichten des Spaniers Federico García Lorca und des Franzosen René Char und arbeitete in den 1970er Jahren an dem umfangreichen Zyklus *Tafeln der Schuld*. Über die Beziehung Georg Muches zum Bodensee hieß es 1978 anlässlich einer Lindauer Einzelausstellung: »Jeder, der Sinn und Auge hat für die Vielfalt der Naturerscheinungen hier am See, wird Reflexe davon im Gewebe von Muches haarfein strukturierten Zeichnungen finden.«

Wir fahren zurück zur Li 16 und folgen ihr bis zur Abfahrt Wasserburg. Am Dorfplatz nehmen wir linkerhand die Halbinselstraße und erreichen an ihrem Ende das katholische Pfarrhaus St. Georg.

Wasserburg

⓬ Pfarrhaus St. Georg
Schauplatz von
Der Liebe Augustin
Halbinselstraße 81

In seinem Roman *Der Liebe Augustin. Die Geschichte eines leichten Lebens* lässt Horst Wolfram Geißler seine Hauptfigur Augustin Sumser im Pfarrhaus der Kirche St. Georg bei seinem Onkel, dem Pfarrer Knöpfle, unterkommen: »Augustin bekam eine helle Dachkammer, deren Fenster nach dem See schaute; er packte seine wenigen Habseligkeiten aus und ordnete sie unter Anleitung der Pfarrersköchin, welche Rosl hieß, in eine Kommode. Dann saß und stand er eine Weile verschüchtert im Hause herum, bis man ihm erlaubte, hinauszugehen, damit er die Gegend ein wenig kennenlernte. Dies tat er sogleich und fand, dass es keinen schöneren Erdenfleck geben könne als den, so er sich klugerweise zur neuen Behausung erwählt hatte. Ein wenig landeinwärts versteckte sich hinter Apfelbäumen das Dorf, eine Handvoll Dächer. Die Kirche aber, und neben ihr das Pfarrhaus und der Friedhof, lagen auf einem kleinen spitzen Winkel, den die Erde in den See hinausgebaut hatte. Gegen die Mauern des Friedhofs plätscherten die Wellen, und von den Fenstern des Pfarrhauses hätte man über den kleinen Garten hinweg einen Apfel ins Wasser werfen können. So war das geistliche Revier eine wirkliche Wasserburg.«

Horst Wolfram Geißler wurde 1979 zum Ehrenbürger von Wasserburg ernannt. Er wurde 1983 auf dem Friedhof von St. Georg begraben, sein Grab im Biedermeierstil ist das dritte in der ersten Reihe links vom Eingang. In der Grünanlage am Hafen steht heute eine Bronzefigur des Lieben Augustins, die auf die Wasserburger Halbinsel mit Kirche und Pfarrhaus blickt. Auch die »Sumserhalle«, die Turn- und Festhalle des Ortes, wurde nach ihm benannt.

Wir gehen 500 Meter zurück, biegen links ab und folgen der Mooslachenstraße, die das Naturschutzgebiet entlang führt, gehen dann die Wasserburger Straße bis ans Ende, biegen rechts in die Straße Am Lerchentorkel ein und nach 200 Metern, jenseits des Bahnübergangs, links in die Sonnenbichlstraße.

Nonnenhorn

⓭ Wohnhaus und Atelier von Werner Kreuzhage
Sonnenbichlstraße 30

1954 zog der Maler Werner Kreuzhage (1904–1989) von Duisburg an den Bodensee. War er doch der Überzeugung, dass sich sein künstlerisches Schaffen in einer durch Stille und Abgeschiedenheit charakterisierten Naturlandschaft ganz entfalten könnte. Er lebte zuerst in Wasserburg und baute sich dann dieses Haus mit Atelier, in dem er bis zu seinem Tod recht zurückgezogen lebte.

Der abstrakt arbeitende Künstler pflegte engeren Kontakt nur mit dem Künstler Julius Bissier (vgl. S. 47 f.) in Hagnau. Auch die Arbeiten der Maler Max Ackermann (1887–1975), der 1936–1956 am Bodensee, in Hornstaad auf der Höri, lebte, und Willi

Werner Kreuzhage in seinem Atelier, 1950er Jahre

Günther Herzfeld-Wüsthoff bei der Lektüre

Baumeister (1889–1955) regten ihn nach 1945 an, letzterer auch durch seine theoretischen Schriften wie *Das Unbehagen in der Kunst*, im Sommer 1945 bei einem Aufenthalt bei Ackermann abgeschlossen.

Bis zu seinem Tod schuf Kreuzhage vor allem Monotypien, Collagen und Materialbilder mit archaischem Charakter, in die in abstrakter Form Natur- und Tierwelt Eingang fanden. Er arbeitete mit vielfältigen und ungewöhnlichen Materialien wie Schlamm oder Holz. In den 1980er Jahren traten bei ihm, von einer Gichterkrankung der Hände geplagt, musikalische Einflüsse in den Vordergrund. Für ihn war die Kunst eine existenzielle Aufgabe: »Der Künstler soll angesichts der Gefahren rationalisierter und technisierter Unmenschlichkeit durch die Realisation von Kunst einen von der Zweckrationalität gelösten Freiheitsraum schaffen.« Werner Kreuzhage nahm an zahlreichen Einzel- und Gruppenausstellungen teil und lehnte Ende der 1950er Jahre eine Professur in Karlsruhe ab.

Im Hause befindet sich heute das Schmuckatelier der Tochter.

Die Sonnenbichlstraße fahren wir bis ans Ende, biegen rechts in die Mauthausstraße und erreichen via Hattnau und Hengnau Rickatshofen. Dort nehmen wir die erste Abzweigung links und erreichen nach 200 Metern das Haus Trösteinsamkeit.

Unterreitnau

14 **Haus Trösteinsamkeit Wohnhaus von Günther Herzfeld-Wüsthoff Oberhalb des alten Pestfriedhofs**

1935 zog der Antiquar, Schriftsteller, Rezitator und Verleger Günther Herzfeld-Wüsthoff (1893–1969) von München-Schwabing nach Unterreitnau in das Haus Trösteinsamkeit. Hier wohnte er bis zu seinem Tod. Es war wohl zum einen ein Rückzug vor dem NS-Regime, das er 1933 in einer Tierparabel karikiert hatte. Zum anderen konnte er hier seinen bibliophilen Neigungen sowie dem Handel mit antiquarischen Büchern nachgehen. »3mal täglich Omnibus-Verbindung ab Lindau-Hauptpost«, versprach ein Werbezettel seines Antiquariats.

Die eigene literarische Arbeit stellte Herzfeld, der 1933 zusätzlich den Namen seiner Großmutter angenommen hatte, Mitte der 1930er Jahre nahezu ein. Zu stark war seine Selbstkritik. Als Vertreter unerbittlich hoher Qualitätsansprüche an sich wie an andere zeichnete ihn auch Alfred Andersch – sie waren sich Anfang der 1930er Jahre in München begegnet – in Die Kirschen der Freiheit (1952). Auch mit dem ähnlich temperamentvollen Schriftsteller Georg Britting verband Herzfeld-Wüsthoff eine (fragile) Freundschaft. Dieser schrieb dem »Streitbaren« im Dezember 1937: »sie sind ein beratendes genie, und ich habe noch nie so viel kameradschaftliche bemühung in solchen fragen wie bei ihnen gefunden. mein dank ist gross und echt.«

Auch in Werke Thomas Manns fand Herzfeld-Wüsthoff Eingang. Dem Autor der Buddenbrooks hatte der junge Offizier während des Ersten Weltkriegs aus dem Feld einen Brief geschrieben, aus dem Mann namentlich nicht gekennzeichnete Auszüge in seine Betrachtungen eines Unpolitischen (1918) integrierte, sein theoretisches Hauptwerk, in dem je nach Zählweise zwischen 1000 und 2000 Zitate gefunden worden sind. Thomas Mann charakterisierte ihn als »ungewöhnlich sympathischen Mensch und warmherzigen Freund meiner Sieben Sachen« und wählte ihn im Oktober 1918 zum zweiten Taufpaten seiner jüngsten Tochter Elisabeth. Vier Wochen später besuchte Herzfeld-Wüsthoff Thomas Mann, der dies in seinem Tagebuch festhielt: »Trank nach der Bettruhe allein Thee, da K. [seine Frau Katia] in der Arcisstraße, und empfing dabei den Besuch des Leutnant Herzfeld am Krückstock. Ich trug ihm seinen Handkoffer zur Tram No. 9, und wir fuhren ein Stück zusammen, worauf ich ins Prinz Regenten-Theater zum ›Palestrina‹ ging.«

In den mehr als drei Jahrzehnten, die Günther Herzfeld-Wüsthoff in Unterreitnau lebte, widmete er sich auch der öffentlichen Rezitation von Dramen der Weltliteratur. Noch wenige Tage vor seinem Tod im September 1969 trug er sieben Stunden lang Shakespeares Hamlet vor.

Auf dem alten Pestfriedhof zu Füßen von Haus Trösteinsamkeit, das sich heute in Privatbesitz befindet, liegt er begraben.

Wir fahren zurück Richtung Nonnenhorn und biegen auf die Li 16 Richtung Friedrichshafen, biegen in Kressbronn links in die Argenstraße und nach 1,5 Kilometern rechts auf die

L 334 in Richtung Gohren. In Langenargen halten wir uns halb rechts auf der L 334/Eisenbahnstraße, biegen nach 750 Metern links in die Friedrichshafener Straße und nach 100 Metern rechts in die Untere Seestraße. Nach 250 Metern erreichen wir das Haus von Hans Purrmann.

Langenargen

15 Haus von Hans Purrmann
Untere Seestraße 69

Der Maler Hans Purrmann (1880–1966) unterzeichnete am 21. Oktober 1919 den Kaufvertrag für das direkt am See gelegene Fischerhaus in der Unteren Seestraße. Hier verbrachten er und seine Familie bis 1935 regelmäßig die Sommermonate. Der Hauptwohnsitz war seit 1916 eine Wohnung in Berlin-Charlottenburg in der Nähe des Lietzensees. In Berlin war Purrmann, der 1906 in Paris Schüler von Henri Matisse gewesen war, Stammgast im Romanischen Café. Kritiker und Künstlerfreunde wie Rudolf Levy, Konrad von Kardorff oder Rudolf Grossmann aus der Hauptstadt besuchten ihn am Bodensee ebenso wie der Verleger und Schriftsteller Johannes Guthmann, der viele seiner Bilder erwarb.

Zumeist arbeitete Purrmann hier an Landschaften und Stillleben. Aber auch »Interieurs, deren Helligkeit die Nähe des Wassers, die durchsichtige Feuchte der Luft verspüren lässt, entstanden, in denen sich die Frau und die heranwachsenden Kinder mit Selbstverständlichkeit bewegen. Gotische Madonnen stehen auf den Tischen. Purrmanns Sammelleidenschaft hatte sie an abgelegenen Stellen entdeckt«, so Barbara und Erhard Göpel in *Leben und Meinungen des Malers Hans Purrmann*. Im Juli und September 1926 malte Purrmann das Innere der Kirche St. Martin in Langenargen aus.

Hans Purrmann, der sich seit 1921 regelmäßig in Italien aufhielt, zog 1935 nach Florenz und leitete für den Deutschen Künstlerbund ehrenamtlich die Stiftung Villa Romana. 1943 floh er in die Schweiz, lebte zuerst in Castagnola im Tessin und ab 1944 in der Casa Camuzzi in Montagnola. Begraben ist er neben seiner 1943 verstorbenen Frau Mathilde auf dem Friedhof Langenargen. 1953 widmete Hermann Hesse das Gedicht *Alter Maler in der Werkstatt* seinem Freund und Tessiner Nachbarn Hans Purrmann.

Das ursprüngliche Haus steht nicht mehr. Anfang der 1970er Jahre wurde das Gebäude, äußerlich dem Purrmann'schen Fischerhaus nachempfunden, neu errichtet und eine Gedenktafel angebracht.

Wir nehmen die Friedhofstraße in Richtung Tuniswald und fahren auf

Hans Purrmann beim Malen in Langenargen

Erika und Klaus Mann, Pamela Wedekind und Gustaf Gründgens (von li. nach re.), 1926

der B 31/E 54 nach Friedrichshafen. Dort halten wir uns auf der L 328a/ Lindauer Straße rechts, die bald Eckenerstraße heißt, biegen nach 3 Kilometern rechts ab in die Wilhelmstraße, nach links in die Friedrichstraße und nach 1 Kilometer in die Olgastraße.

Friedrichshafen

**16 Ehemaliges Kurgartenhotel
Logis von Erika Mann,
Pamela Wedekind,
Gustaf Gründgens und
Klaus Mann
Heute Graf-Zeppelin-Haus
Olgastraße 20**

»Ich bin den Juni über noch zu ALLEM bereit. Könnten wir nicht irgendwo in der ländlichen Provinz unser Wesen treiben? Vielleicht in Bozen?« Im Frühjahr 1926 schlug Erika Mann (1905–1969), die älteste Tochter des Romanciers Thomas Manns, der mit ihr befreundeten, in Köln lebenden Schauspielerin Pamela Wedekind (1906–1986), der ältesten Tochter des Dramatikers Frank Wedekind, einen gemeinsamen Urlaub vor. Sie einigten sich auf Friedrichshafen und stiegen Ende Juni im Kurgartenhotel ab. Am 30. Juni besuchten sie Dorothea Sternheim, genannt Mopsa, und deren Eltern Thea und Carl Sternheim (vgl. S. 117 ff., 120 f.) in Uttwil. »Von Friedrichshafen kommen Erika Mann und Pamela Wedekind«, trug Thea Sternheim in ihr Tagebuch ein. »Was kam heraus: offenbare Tendenz zu weiblicher Emanzipation, der Reflex eines literarisch interessierten Milieus. Sie fühlen sich wichtig, sind schlagfertig, klug, sogar dreist. Ich fühle von ihnen zu mir, von mir zu ihnen nichts was einem Interesse, einer Neugier ähnelt: nicht einmal der Wunsch, sie verstehen zu wollen, von ihnen verstanden zu werden. Wie die drei Dichterkinder, Erika Mann, Pamela Wedekind und Thea Sternheim am Abend vor uns nach Romanshorn gehen, lache ich mit Karl über ihre betont lesbische[n] Allüren.«

Drei Jahre zuvor, im Sommer 1923, hatten Erika und ihr Bruder Klaus Mann (1906–1949) Pamela Wedekind im Haus ihres Onkels Heinrich kennengelernt. Erika verliebte sich in sie. Im Juni 1924 verlobte sich der homosexuelle Klaus mit Pamela. Im Oktober 1925 wurde Klaus Manns Stück *Anja und Esther* an den Hamburger Kammerspielen uraufgeführt. Nicht nur die Besetzung mit den Dichterkindern Erika und Klaus Mann und Pamela Wedekind sowie dem aufstrebenden Gustaf Gründgens sorgte für Aufsehen, auch die homoerotischen Untertöne des Textes.

Im Frühjahr 1926 gab Erika Mann ihrerseits die Verlobung mit dem seine Homosexualität verschleiernden Gründgens bekannt. Hochzeit feierte das Paar am 24. Juli 1926 in Feldafing am Starnberger See. Noch am selben Abend fuhren sie nach Friedrichshafen und verbrachte im Kurgartenhotel ihre Flitterwochen. Kaum hier angekommen, bat die frisch verheiratete Erika Mann Pamela Wedekind in einem Brief, sich ihnen anzuschließen: »Und jetzt sind wir einfach im Kurgartenhotel, wo groß und klein uns frivol behandeln muß, da niemand und der Klügste nicht, den Ehestand uns glauben kann. Aber daß wir (Du und ich!) in der Kurliste des vorigen Monats stehen – ich als Schauspielerin und Du als Herr Wedekind aus München, ist mir lieb. – Meine Pamela, *bitte, bitte* komm bald. So schrecklich gern möchte ich es, weil ich Dich eben doch über die Maße liebe. Schau, das Kläuschen kommt wohl am Sonntag oder Montag. Willst Du nicht mit ihm reisen?«

Gleich nach seiner Ankunft besuchte Klaus Mann am 25. Juli die Sternheims. Thea Sternheim fühlte sich vom charmanten Jungautor eingenommen, Carl Sternheim überschüttete ihn mit Lob. Klaus Mann über Sternheim: »Er bemühte sich leidenschaftlich pädagogisch um [mich], betrachtete natürlich meine

Julius Bissier am Bodensee, fotografiert von Toni Schneiders

Begegnung mit ihm als einen Einschnitt in meinem Leben, forderte eine neue, strengste ›Ökonomie‹ meines Lebens von mir und forderte auch, ich sollte mich innerlich immer tiefer von meinem Vater trennen.«

Am 7. Oktober 1927 brachen Erika Mann und ihr Bruder Klaus zu einer achtmonatigen Weltreise auf. In New York erfuhr Erika von der Verlobung des mittlerweile geschiedenen Sternheim mit Pamela Wedekind, zu der die Freundschaft seit 1926 abgekühlt war. Erikas Ehe mit Gustaf Gründgens wurde im Januar 1929 geschieden. In Erika Manns Jugendbuch *Stoffel fliegt übers Meer* (1932) ist der fiktive Blaubergsee eine Kombination aus Starnberger See und Bodensee.

Das 1910 errichtete Kurgartenhotel, das zum Zeppelin-Konzern gehörte, wurde 1971 abgerissen.

Von Friedrichshafen fahren wir 13 Kilometer auf der B 31/E 54 bis nach Hagnau, biegen dort links ab in die abschüssige Dr.-Fritz-Zimmermann-Straße, die nach 200 Metern in die Seestraße mündet. Wo heute eine

...Wohnanlage steht, befand sich das Wohnhaus von Lisbeth und Julius Bissier.

Hagnau

❶⓻ Ehemaliges Wohnhaus von Lisbeth und Julius Bissier
Seestraße 40

Der Maler Julius Bissier (1893–1965) und seine Ehefrau Lisbeth Bissier-Hofschneider (1903–1989) zogen im Januar 1939 von Freiburg im Breisgau nach Hagnau. Den Bodensee hatten sie erstmals 1926/27 erkundet. 1934 war ein Wendejahr für Bissier gewesen: Sein Atelier in der Universität Freiburg brannte aus, und er verlor seine Stelle als Zeichenlehrer. Nach dem Tod des siebenjährigen Sohns Ulrich und zwei Reisen nach Italien entschloss sich das Paar »angesichts der politischen Atmosphäre in Freiburg, die zusehends beklemmender wurde, dann aber auch angesichts des drohenden Krieges«, so der Kunsthistoriker und Freund Werner Schmalenbach, zum Umzug an den Bodensee. Als nicht regimekonformer Künstler fühlte er sich im Breisgau zu gefährdet.

In Hagnau erwarben die Bissiers 1938 die alte ehemalige Schiffsanbinderei des Klosters und ließen sie umbauen. Sie installierten hier die »Handweberei Lisbeth Bissier«, die sich nach und nach zu einem größeren Unternehmen auswuchs und bis 1960 die Existenzgrundlage der Familie bildete. Julius Bissier führte die Buchhaltung sowie einen Teil der Betriebskorrespondenz. Tagsüber widmete er sich, soweit er nicht in die Geschäftsaktivitäten eingebunden war, dem Cellospiel. Bis Kriegsende malte er nur nachts, bei sorgsam zugezogenen Vorhängen. Bissier, sein Leben lang zu Depressionen neigend, lebte in ständiger Furcht vor einer Hausdurchsuchung (die nie stattfand). 1942 notierte er in sein Tagebuch: »Die Angst sitzt mir auf dem Halse wie eine Spinne, die einen im Traum und im Schlaf überfällt – indes, da ich sie schon so lange kenne, glaube ich, sie sei mit der Nährboden meiner Arbeit.« Und ein Jahr später: »Ein schlechtes Nervensystem, ein schlechtes Herz, eine labile Konstitution in einer Zeit, in der man aus Eisen sein müsste.«

Bis Ende der 1940er Jahre fertigte er vornehmlich schwarze, von ostasiatischer Kunst inspirierte, im Ausdruck stark reduzierte, skripturale, symbolisch bedeutungsvolle und spontan entstehende Tuschezeichnungen an, denen er Tarnnamen gab. Später experimentierte er auch mit Farbe.

Anfang Mai 1945 wurde ihr Haus von französischen Truppen besetzt.

Bissier am 16. Juni 1945: »Heute Nacht gegen 1 Uhr das erste Blatt seit dem Kriegsende, das wieder ein wenig von der Kraft der früheren Arbeiten hat. Thema: *nach innen – nach außen*. Ich würde dem Himmel danken, wenn ich das Glück hätte, in dieser Zeit arbeiten zu können.« Am 1. September richtete ihm seine Frau in einem nach Norden gelegenen Zimmer ein Atelier ein. »Ich bin mit seltsamen Gefühlen eingezogen«, gestand Bissier. »Als ob ich mit Bergstiefeln auf Spiegelglas zu gehen hätte. Ob's noch einmal eine Zeit gibt, in der ich ohne Angst wage zu leben, zu arbeiten?«

Die künstlerische Anerkennung setzte in der folgenden Zeit nur schleppend ein. Das Jahr 1958 bedeutete mit einer Retrospektive in Hannover, der Teilnahme an der Biennale von Venedig und der Kasseler documenta den Durchbruch für den mittlerweile 65-jährigen. Zahlreiche Ausstellungen im In- und Ausland folgten. Bissier konnte nun vom Verkauf seiner Bilder leben. 1960 schlossen die Bissiers die Weberei und zogen 1961 nach Ascona im Schweizer Kanton Tessin. In Hagnau war mit dem Stillstand der Webstühle »der Pulsschlag des Hauses erloschen«, so Lisbeth Bissier. Im neuen Haus richtete sich Bissier ein sechs Quadratmeter großes Atelier ein und nahm auch das 1945 eingestellte Musizieren wieder auf.

Direkt gegenüber steht ein Fachwerkhaus.

Meersburg. Ausschnitt des Deckenfreskos von Johann Wolfgang Baumgarten in der Wallfahrtskirche Baitenhausen, 1760

🔞 Malerhäusle
**Wohnhaus von Reinhard Sebastian Zimmermann
Seestraße 27**

Das so genannte Malerhäusle war der Ruhe- und Alterssitz des Malers Reinhard Sebastian Zimmermann (1815–1893). Unter der Überschrift »5. Kind« hatte sein Vater Benedikt Zimmermann, der in Hagnau einen Kaufladen betrieb, notiert: »1815 am 9ten Jenner am Montag nachts 10 Uhr im Steinbock, am Julianustag ist mir ein Sohn geboren worden namens Reinhard Sebastian.« Er wuchs in Hagnau auf, 1840–1842 studierte er nach einer kaufmännischen Lehre und einigen Jahren als Gehilfe im Geschäft seines Vetters in Meersburg Malerei an der Münchner Kunstakademie und in Paris. Seit 1862 badischer Hofmaler, reiste Zimmermann häufig zu Studienaufenthalten nach Italien. 1878 baute er sich das noch heute im Originalzustand erhaltene Fachwerkhaus am Seeufer. In Hagnau verkehrte er mit Heinrich Hansjakob (1837–1916), 1869–1883 katholischer Pfarrer in Hagnau und 1871–1881 Abgeordneter der Katholischen Volkspartei im Badischen Landtag, Autor von poli-

tischen Schriften, Erzählungen und Romanen und Mitbegründer des Hagnauer Winzervereins.

In seinen *Lebenserinnerungen eines alten Malers* (1882) stimmte Reinhard Sebastian Zimmermann, der 1873 auf der Internationalen Ausstellung in der Royal Albert Hall in London mit einer Bronzemedaille ausgezeichnet worden war, ein Lob auf die Heimat an. »Wenige scheinen zu wissen«, schrieb er, »welch ungemein reiche Erscheinungen sich hier zu allen Tages- und Jahreszeiten über dem großen Wasserspiegel bieten, welch überraschende und unerschöpfliche Abwechslung.« Er starb 1893 in München.

Das Malerhäusle befindet sich heute in Privatbesitz.

Wir fahren 13 Kilometer auf der B 31/ E 54 bis Meersburg.

Meersburg

»Es wohnen hier noch viele ehemalige Diener und Beamte der letzten Bischöfe von Constanz, (die hier bekanntlich RESIDIRTEN,) und ich habe mich bey diesen Leuten aus der guten alten Schule, die so ehrerbietig und doch würdig ihre Stellung auszufüllen wissen, recht erholt von der geistreichen Tacktlosigkeit unsers MODERNEN Bürgerstandes, – dazu die himmlische Gegend, die gesunde Luft, das romanhafte alte Schloß, und Musik in allen Ecken, – Musik von Blasinstrumenten, (auf dem See und in den Felspartien) – Musik von Männerstimmen, (täglich im Seminar, wunderschön!) – kurz, Meersburg hat wirklich etwas Zauberhaftes, Du mußt nothwendig kommen und sehn, ehe es zu spät wird«, so Annette von Droste-Hülshoff in einem Brief an ihren Schwager August von Haxthausen vom 2. August 1844.

Der Rundgang beginnt am Obertor. Von dort gehen wir 200 Meter auf der Steigstraße in Richtung See und kommen zur Burg Meersburg.

ⓘ Altes Schloss Burg Meersburg
Wohnsitz von Joseph Freiherr von Laßberg und Annette von Droste-Hülshoff
Schlossplatz 10

Im November 1837 erhielt Joseph Freiherr von Laßberg (1770–1855) aus Eppishausen (vgl. S. 110) im Thurgau, dem die Nordschweiz nach 1830 politisch zu progressiv geworden war, von der Badischen Domänenverwaltung den Zuschlag für das Alte Schloss. Seit dem Umzug des Hofgerichts des badischen Seekreises nach Konstanz 1836 stand das Gebäude leer. Die Freude des Mittelalterforschers Laßberg über die »schöne, große Burg, wolerhalten ..., hell, warm und in einer Lage, die eine der schönsten Aussichten am Bodensee gewäret«, über »wenigstens 35, meist große heizbare Zimmer, und noch wol ebensoviel oder noch mer andere Gemächer, 5 Gewölbe, Keller, 2 laufende Bronnen mit trefflichem Quellwasser ... Burgverließ, Kapelle, Badezimmer« war groß. Er wohnte hier mit seiner Frau Jenny, der Schwester der Dichterin Annette von Droste-Hülshoff, von Frühjahr 1838 bis zu seinem Tod am 15. März 1855 und rettete so das Gebäude. Denn die Domänenverwaltung hatte die Burg, deren Anfänge bis ins 7. Jahrhundert reichen, auch als Steinbruch ausgeschrieben. Für Laßberg erfüllte sich ein Traum – erstmals konnte er seine 10 000 Bände zählende Bibliothek komplett aufstellen. Zahlreiche Bibliophile, Autoren und Wissenschaftler suchten Laßberg in Meersburg auf, so die Dichter Ludwig Uhland, Gustav Schwab und Justinus Kerner.

Von September 1841 bis Ende Juli 1842, von September 1843 bis September 1844 und, gesundheitlich bereits stark beeinträchtigt, von September 1846 bis zu ihrem Tod infolge einer Lungenentzündung am 24. Mai 1848 im Turmzimmer der Burg wohnte die 1,55 Meter große Annette von Droste-Hülshoff (1797–1848) bei ihrer Schwester.

Während ihres ersten Aufenthalts spottete sie, eine der bedeutendsten deutschen Lyrikerinnen des 19. Jahrhunderts, über die Gäste ihres Schwagers: »außer den Thurnschen Damen betritt kein Frauenzimmer dies Haus, nur Männer von Einem Schlage, Alterthümler, die in meines Schwagers

Die Meersburg. Farblithographie, um 1850

Joseph Freiherr von Laßberg. Gemälde von Sebastian Hamberger, 1846

Annette von Droste Hülshoff kurz vor ihrem Tod. Daguerreotypie

muffigen Manuskripten wühlen möchten, sehr gelehrte, sehr geachtete, ja sehr berühmte Leute in ihrem Fach – aber langweilig wie der bittere Tod, – schimmlich, rostig, prosaisch wie eine Pferde-Bürste, – mir ist zuweilen als wandle ich zwischen trocknen Bohnen-Hülsen, und höre Nichts als das dürre Rappeln und Knistern um mich her, und solche Patrone können nicht enden, vier Stunden muß man mit ihnen zu Tisch sitzen, und unaufhörlich wird das leere Stroh gedroschen ...«

Ihrer Mutter schrieb die lebenslang Kränkelnde nach Westfalen: »Ich spaziere täglich eine Strecke am See hinunter, was, mit dem Wege hinauf, eine ordentliche Tour für mich ist, und doch wird es mir nicht viel schwerer, als zu Rüschhaus an manchen Tagen die Treppe zu steigen.« Von der »mirakulösen Luft«, die sie »so mager und behende wie eine Peitschenschnur« werden ließ, schwärmte sie. »Auf der Burg haus' ich am Berge, / Unter mir der blaue See, / Höre nächtlich Koboldzwerge, / Täglich Adler aus der Höh', / Und die grauen Ahnenbilder / Sind mir Stubenkameraden, / Wappentruh' und Eisenschilder / Sofa mir und Kleiderladen«, heißt es in dem Gedicht *Das alte Schloß*.

In Meersburg war sie sehr produktiv. Zwischen Oktober 1841 und Anfang Februar 1842 war der Autor und Redakteur Levin Schücking (1814–1883), mit dem die Droste ein enges, zwischen Liebe und Freundschaft oszillierendes Verhältnis verband, als Bibliothekar auf dem Schloss tätig. Seinem Freund Ferdinand Freiligrath schrieb er, die Droste »fabriziere« täglich ein Gedicht, 53 seien schon fertig: »und wenn die 100 voll sind, sollen sie als Sammlung herausgegeben werden.« Hier schrieb sie auch die Novelle *Die Judenbuche*.

Annette von Droste-Hülshoff liegt auf dem Alten Friedhof in Meersburg begraben. Die Annette-Droste-Hülshoff-Gedenkstätte in der Meersburg ist ganzjährig zu besichtigen. Das städtische Gymnasium in Meersburg trägt heute ihren Namen. Seit 1957 wird während der Meersburger Droste-Literaturtage ein nach ihr benannter Preis verliehen, zu den Preisträgerinnen zählten u. a. Nelly Sachs, Friederike Mayröcker und Dorothee Sölle.

Nach Laßbergs Tod 1855 verkauf-

ten seine Zwillingstöchter Hildegard (1836–1914) und Hildegund (1836–1909) das Schloss an den Münchner Heraldiker Karl Ritter Mayer von Mayerfels aus München, der hier seine umfangreiche Altertumssammlung unterbrachte.

Das Alte Schloss enthält heute ein Burgmuseum und ist ganzjährig zu besichtigen.

Wir gehen die Steigstraße 100 Meter bergauf, gehen rechts durch die Durchfahrt des Rathauses und erreichen nach 80 Metern die Vorburggasse.

20 Sterbewohnung von Franz Anton Mesmer
Vorburggasse 11

Im Herbst 1814 bezog der Arzt Franz Anton Mesmer (1734–1815) eine Wohnung im ersten Stock dieses Hauses. Im Umkreis seiner Familie – die Kinder seiner Schwester lebten in Meersburg – wollte er seine letzte Zeit verbringen. Vor der Französischen Revolution 1789 war der in Iznang am Bodensee geborene Arzt einer der gefragtesten Heiler. Bei seinen »magnetischen Lehren« setzte er Hypnose, Suggestion und Handauflegen ein. In Meersburg hatte er im Juli und August 1775 erstmals seine Methode öffentlich präsentiert, danach führten ihn seine Erfolge in die vornehmsten Salons europäischer Metropolen. Im Winter 1802/03 kehrte er endgültig an den Bodensee zurück, erst nach Riedetsweiler, heute ein Ortsteil von Meersburg, 1807 nach Frauenfeld. Dort praktizierte er als Arzt und widmete sich der Arbeit an seinem 1814 veröffentlichten Buch *Mesmerismus oder System der Wechselwirkungen*.

Während seiner letzten sechs Lebensmonate unternahm Mesmer Ausfahrten, wurde vom Meersburger Fürstbischof Karl Theodor von Dalberg empfangen und führte naturwissenschaftliche Gespräche mit Studenten. Obwohl er in seinem Testament bestimmt hatte: »da ich im Leben kein Amt oder Titel geführt, so verlange ich, wie ein gemeiner Mann beerdigt zu werden«, gab ihm am 7. März 1815 ganz Meersburg das letzte Geleit. 1830 stellte die Berliner Gesellschaft der Naturforscher einen kunstvoll verzierten Dreikantstein aus weißem Marmor auf seiner Grabstelle auf

Das Zimmer der Droste in der Meersburg. Zeitgenössisches Aquarell

Franz Anton Mesmer. Zeitgenössisches Porträt, um 1780

dem Meersburger Friedhof auf. Dessen symbolische Verzierungen beziehen sich auf Mesmers Magnetismuslehre. In zahlreichen Büchern tritt Mesmer auf, etwa in Horst Wolfram Geißlers *Der Liebe Augustin* (1921) und in Stefan Zweigs Essayband *Die Heilung durch den Geist* (1930). Mozart verewigte den Mesmerismus satirisch in *Così fan tutte* (1790).

Wir kehren zurück zur Steigstraße und gehen diese rechts hoch, durch das Obertor hindurch, überqueren die Stettener Straße, gehen 80 Meter nach rechts bis zu den Treppenstufen, die zum Fürstenhäusle hochführen.

🛈 21 Fürstenhäusle
Haus von Annette von Droste-Hülshoff
Stettener Straße 9

Am 12. November 1843 ersteigerte Annette von Droste-Hülshoff das seit 1837 leer stehende Fürstenhäusle, zu dem ein Weinberg gehörte. Vom Konstanzer Domherrn und Fürstbischof Jacob Fugger von Kirchberg und Weissenborn (1567–1662) als Lusthaus erbaut, wollte sie sich das kleine Haus mit dem schönen Blick auf den See, das sie liebevoll »Dachshöhle« und »Schwalbennest« nannte, als Refugium zum ungestörten Arbeiten einrichten. Diese »niedliche MINIATÜR-Besitzung« finanzierte sie mit einem Vorschuss für die zweite Ausgabe ihrer *Gedichte*, einem Kredit ihres Bruders und ihrer Leibrente. »Jetzt muß ich Ihnen auch sagen«, schrieb sie Ende November 1843 ihrer Freundin Elise Rüdiger, »daß ich seit acht Tagen eine GRANDIOSE Grundbesitzerin bin, ich habe das blanke Fürstenhäuschen, was neben dem Wege zum Frieden liegt – doch dort waren Sie nicht, aber man sieht es gleich am Thore, wenn man zum Figel geht – nun das habe ich in einer Steigerung, nebst dem dazu gehörenden Weinberge, erstanden – und wofür? – für 400 Reichsthaler – Dafür habe ich ein kleines aber massiv aus gehauenen Steinen und geschmackvoll aufgeführtes Haus, was vier Zimmer, eine Küche, großen Keller, und Bodenraum enthält, – und 5000 Weinstöcke, die in guten Jahren schon über zwanzig Ohm Wein gebracht haben, – es ist unerhört! ... O, Sie sollen

sehn, ich mache ein kleines Paradies aus dem Nestchen!« Doch dazu kam es nie, auch wenn ihre Schwester noch 1845 einen Garten dazukaufte. Die geplanten Umbauten konnte Annette von Droste-Hülshoff wegen Krankheit nicht mehr durchführen lassen.

Heute ist im Fürstenhäusle ein Droste-Museum untergebracht, das von April bis Oktober zu besichtigen ist.

Wir gehen zurück zur Stettener Straße, dann nach rechts, biegen in die Mesmerstraße ein und gehen gleich links die Treppen hoch in den Dornerweg. Die dritte Straße links ist der Lehrenweg.

㉒ Kurt Raichles Zinnschmiede Logis von Johannes R. Becher Lehrenweg 18

Der im Mai 1945 aus dem Moskauer Exil nach Berlin zurückgekehrte Schriftsteller und kommunistische Kulturfunktionär Johannes R. Becher (1891–1958) meldete sich drei Monate später, soeben zum Präsidenten des »Kulturbundes zur demokratischen Erneuerung Deutschlands« gewählt, bei seinem Freund Kurt Raichle: »… die Erinnerung an Euch und an Urach hat mich in mehr denn einigen schweren Stunden aufrechterhalten.« In Urach am Fuß der Schwäbischen Alb hatten sich Becher und Raichle Mitte der 1920er Jahre in einer revolutionären Künstlerkolonie kennen und schätzen gelernt. Raichle lebte seit 1933 in Meersburg und betrieb im Haus im Lehrenweg eine Zinngießerei. Ende April 1945 von den Franzosen zum Stadtrat ernannt, träumte er davon, die einstige Künstlergemeinschaft wiedererstehen zu lassen, und gründete eine Ortsgruppe des »Kulturbundes«. Wenig später nahm er den Plan einer großen Kunstausstellung in Angriff. Dazu lud er Johannes R. Becher ein. Die »Kunstwoche der Stadt Konstanz« fand vom 1. bis 14. Juni 1946 statt, Becher las am 4. Juni und wohnte einige Tage in Meersburg bei Raichle. Die Freundschaft lebte von neuem auf.

Während dieses Aufenthalts schrieb Becher ein Sonett: »Für diesen Blick: von Meersburg übern See, /

Johannes R. Becher (2. von li.) mit Elisabeth und Karl Raichle (neben ihm), Urach, 1920er Jahre

Der Kulturphilosoph Gustav Landauer (2. von re.) mit seiner Frau Hedwig Lachenmann und zwei Töchtern zu Besuch bei Fritz Mauthner (li.), rechts vermutlich Emanuel von Bodman, vor 1914

ein fließend Blau, von Rebengrün umhangen, / der Säntis wie ein Felsgewölk, von Schnee / zart übersilbert, – welch ein Heimverlangen / / in diesem Blick und welch ein Abschiedsweh! – / In diesem Blick ist alles eingefangen, / was heimatlich durchträumte uns seit je, – / in diesem Blick ist alles aufgegangen ...« Bereits am 1. April 1946 hatte sich der Lyriker nach dem »Ankauf eines kleinen Häuschens« erkundigt, »entweder in Meersburg oder Umgebung«, allerdings ohne Erfolg.

Am 30. September 1949 war Becher wieder zwei Wochen lang bei Kurt Raichle und traf den kurz zuvor aus der Sowjetischen Besatzungszone geflohenen Theodor Plivier (1892–1955), Autor des Romans *Stalingrad*, der einst auch zur Uracher Kolonie gehört hatte und jetzt in Wallhausen am Bodensee wohnte. Im August 1955 machte Becher, inzwischen Kulturminister der DDR, auf der Rückreise von Zürich, wo er an Thomas Manns Beerdigung teilgenommen hatte, in Meersburg Station. Zwei Jahre später wollte er nochmals zum »Ausspannen« an den Bodensee kommen, doch ihm wurde die Einreise in die Bundesrepublik verweigert. An Johannes R. Bechers Beerdigung in Ost-Berlin im Oktober 1958 nahm Kurt Raichle teil.

Wir gehen zurück zur Stettener Straße, biegen rechts in die Daisendorfer Straße, dann in die Schützenstraße und nach 1000 Metern links in den schmalen Glaserhäusleweg ein.

㉓ Glaserhäusle
Wohnhaus von Fritz und Hedwig Mauthner Glaserhäusleweg 7 (Früher Landstraße 67)

Im Juli 1909 zogen der Philosoph Fritz Mauthner (1849–1923) und seine Frau Hedwig Mauthner (1872–1945) aus Freiburg im Breisgau nach Meersburg. Das Glaserhäusle, das sie gekauft hatten, war einst ein Weinberghäuschen und eine Wirt-

Lindau bis Meersburg | 55

schaft gewesen. Annette von Droste-Hülshoff hat es in ihrem Gedicht *Die Schenke am See* verewigt.

Mauthner verwandelte das Atelier in eine Bibliothek und gestaltete das landwirtschaftlich genutzte Grundstück zum englischen Landschaftsgarten um. Bis zu seinem Tod schrieb er in Meersburg einige seiner Hauptwerke, so das mehrbändige *Wörterbuch der Philosophie*, *Der letzte Tod des Gautama Buddha* und *Der Atheismus und seine Geschichte im Abendland*. 1918 wurde er Ehrenbürger von Meersburg.

Hedwig Mauthner, eine weitgereiste Ärztin – sie hatte vor 1900 mehrere Jahre in der Sahara verbracht –, veröffentlichte ihre literarischen Arbeiten, die Dorfgeschichten *Ruppertswiler Leut* (1912) und *Zerrissene Briefe* (1914), unter dem Künstlernamen Harriet Straub. Sie war für ihren Mann ein gleichberechtigter kreativer Partner. In den Arbeiten der seit 1910 Verheirateten fanden sich gegenseitige Einflüsse.

Die Abgeschiedenheit wurde aufgelockert durch Besuche von Freunden, deren Lob der Idylle Mauthner ironisch in *Das gottlose Kloster* glossierte: »In meine stille Klause am Bodensee, die zwischen Wald und Reben nach den Schweizerbergen hinübersieht, bei Meersburg, in das alte, von der Annette von Droste-Hülshoff geliebte und besungene ›Glaserhäusle‹, kommen während der Sommermonate, auch wenn es einmal Katzen hagelt, sehr liebe und dann auch wohl weniger liebe Freunde; sie werfen sich in der ersten Stunde begeistert an den Busen der Natur und finden nicht Worte genug, den Segen der geselligen Einsamkeit zu preisen. ›Nur unter solchen Bedingungen kann unser einer sein Bestes geben, sein Leben einer einzigen grossen Aufgabe widmen.‹ Und in der vertrauten Stunde des Abschieds spricht dann der Berliner, der Wiener, der Münchener, der Pariser das ehrliche Wort: ›Wunderbar, unbeschreiblich! Aber wie können Sie (wie kannst du) es ganze Jahre hier aushalten?‹«

Hedwig Mauthner bewohnte bis zu ihrem Tod im Juni 1945 das Glaserhäusle. In den 1930ern wurde die verarmte Witwe, der die Nationalsozialisten Schreibverbot auferlegt hatten, vom Schriftsteller Gerhart Hauptmann und vom Meersburger Stadtpfarrer Wilhelm Restle unterstützt.

Haus und Garten wurden 2003 saniert und teilweise rekonstruiert und sind, da Privatbesitz, nicht zu besichtigen.

Wir fahren zurück zur B 31/E 54. Wenn wir hier die III. Tour anschließen möchten, folgen wir ihr bis Überlingen. In Nußdorf nehmen wir die L 195c/Nußdorfer Straße, nehmen am Kreisverkehr die erste Straße rechts, biegen nach 100 Metern links in die Straße Zu den Reben und dann links in die Mühlbachstraße. Wir nehmen die erste Abzweigung rechts, fahren dann gleich links und sind in der Weinbergstraße.

Blick über die Überlinger Altstadt, um 1952

III.
Spaziergänge von Überlingen bis zur Halbinsel Höri

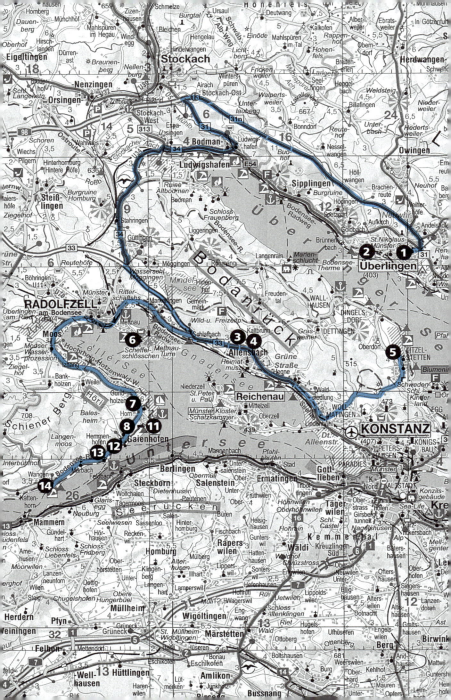

Das badische Nordufer des Sees, vor allem aber die Halbinsel Höri zogen, idyllisch und zugleich im Sommer mediterran anmutend, zahlreiche Künstlerinnen und Künstler, Autorinnen und Autoren an, von Ernst Jünger bis Hermann Hesse, von Fritz Mühlenweg bis Otto Dix. Die III. Tour beginnt in Überlingen in der Weinbergstraße, wo einst das Weinberghaus stand.

Überlingen

1 Weinberghaus
Haus von Ernst Jünger
Weinbergstraße 11

»1. November 1936 – Den Entschluß gefaßt, nach dem Bodensee überzusiedeln, obgleich uns der Abschied vom Städtchen [Goslar] nicht leicht fällt.« Im Haushalt des Schriftstellers Ernst Jünger (1895–1998) und seiner ersten Frau Gretha (1906–1960) waren die Aufgaben aufgeteilt. Ihm oblag das Schreiben und das Reisen, ihr der Haushalt, die Kindererziehung, die Finanzen und die Suche nach einer Wohnung. »Denn unserem sehr persönlichen Ehegesetz zufolge«, so Gretha Jünger, »lehnte er es ab, eine solche vorher zu besichtigen oder sich ihrer Lage zu vergewissern, die ihm höchst gleichgültig war. Er betrat sie erst dann, wenn alles eingerichtet auf ihn wartete.« Ende 1936 wollte Ernst Jünger den Harz gegen »ein weniger kaltes und weniger nordisches Klima« tauschen. Während er nach Südamerika reiste, fand seine Frau innerhalb weniger Wochen ein Schweizerhaus am Hang, das so genannte Weinberghaus. Am 24. Dezember 1936 war der Umzug abgeschlossen. Die Jüngers wohnten hier bis Ende Februar 1939.

Gretha Jünger zufolge war es »eine heitere, sorglose Zeit, die sehr bald von den Schatten des Krieges verdunkelt wird, die unaufhaltsam heranziehen«. Im Februar 1937 bezog Ernsts jüngerer Bruder Friedrich Georg (vgl. S. 61 f.) ein Zimmer im Haus. Heitere Tischgespräche, Baden im See, lange Spaziergänge, Bowleabende im Garten, Essen im Gasthaus »Hecht« in Überlingen und Besuche von Freunden wie dem Maler Rudolf Schlichter aus München durchzogen das Jahr.

Im Oktober 1938 beschloss Jünger die Rückkehr nach Norddeutschland – die Familie fand schließlich ein Landgut in Kirchhorst bei Hannover, was die Versorgung mit Lebensmitteln erleichterte. Wieder trug seine Frau Gretha die Entscheidung, wenn auch widerwillig, mit. Eine ihrer letzten Beobachtungen aus Überlingen vom Februar 1939 lautete: »Letztes Rot am Himmel, von grauen Wolken überhangen, zwischen den Spitzen der Tannen glänzen die Lichter der kleinen Stadt. Das Ufer wie in Schleier gehüllt, darüber vereinzelte Sterne. Wunderbares Land, das ich verlassen will!«

Ernst Jüngers Fazit war zurückhaltender. »Es war das weiche Klima am Bodensee mit seinen Föhneinbrüchen und seine Verführung zu phäakischer Lebensweise der Arbeit des Autors nicht günstig.« 1937/38 hatte er aber trotz dieses von ihm behaupteten Hangs zum Müßiggang in Überlingen die zweite Fassung des *Abenteuerlichen Herzens* fertiggestellt und im Fe-

Ernst Jünger, Überlingen, 1937

Friedrich Georg Jünger mit seiner Frau Citta bei der Verleihung des Bodensee-Literaturpreises in Überlingen, 1955

Ernst Jünger (vorn) und Friedrich Georg Jünger (hinten Mitte), Rhodos, 1938

bruar 1939 mit der Arbeit an *Auf den Marmorklippen* begonnen, das ein Jahr später in einer Startauflage von 20 000 Exemplaren erschien. Vielen galt dieses Buch als allegorische Widerstandsschrift gegen das NS-Regime, für den jungen Soldaten und späteren Dichter Helmut Heissenbüttel war es eine »Art Brevier«, für den Soldaten und späteren Literaturnobelpreisträger Heinrich Böll ein »Akt der Opposition«. Die landschaftlichen Versatzstücke seines endzeitlichen Romans zählte Ernst Jünger präzise auf: »Modelle zu den Marmorklippen: der Felsenhang beim Leuchtturm von Mondello ... Sodann der Gang von Korfu nach Kanoni, das Rodinotal auf Rhodos, der Blick vom Kloster Suttomonte hinüber nach Korcula, der Feldweg von der Gletschermühle nach Sipplingen am Bodensee.«

Bis Dezember 1948 lebten die Jüngers in Niedersachsen, dann zogen sie für ein Jahr nach Ravensburg, bevor sie sich im Dezember 1949 in Wilflingen am Nordrand der Schwäbischen Alb niederließen. Nach 1945 wurde Ernst Jünger von den Alliierten ein mehrere Jahre währendes Schreibverbot auferlegt. Wegen seiner nationalistisch-militaristischen, betont antidemokratischen politischen Schriften der 1920er und 1930er Jahre galt Jünger, der Autor des Kriegsbuches *In Stahlgewittern* (1920), als Vordenker des Nationalsozialismus. Noch 1982 ging der Verleihung des Frankfurter Goethe-Preises an ihn eine heftig geführte Debatte voraus. In seiner zweiten Lebenshälfte praktizierte Jünger ein Prinzip, das er selbst 1959 in seinem Essay *An der Zeitmauer* proklamiert hatte: den »Austritt aus dem historischen Raum«.

Von hier fahren wir über Rauenstein-, Frohsinn-, Lippertsreuter und Hochbildstraße auf der Wiestorstraße bis zum Wiestor. Dort gehen wir die Franziskanerstraße bis zum Landungsplatz. 200 Meter entfernt ist das

❷ Haus von Friedrich Georg und Citta Jünger
Seepromenade 5

Im Frühjahr 1937 folgte Friedrich Georg Jünger (1898–1977) seinem älteren Bruder Ernst nach Überlingen. Der im Ersten Weltkrieg schwer verletzte Jurist, der 1926 in Leipzig »Über das Stockwerkeigentum« promoviert hatte, wohnte auch im Weinberghaus zur Untermiete. In Überlingen lernte er Anna Maria Citta Weickhardt (1908–1987) kennen. Sie heirateten am 2. Dezember 1939 in Kirchhorst, wohin Friedrich seinem Bruder wiederum nachgefolgt war. Nach dem Tod von Cittas Mutter 1942 kehrten sie nach Überlingen zurück und lebten im Haus an der Seepromenade, das Citta geerbt hatte.

Im Erdgeschoss führte Citta Jünger einen Andenken- und Kunstgewerbeladen, die »Bunte Stube«, deren Einkünfte den Lebensunterhalt sicherten, während Friedrich Georg Jünger hier, hinter »der überwachsenen Steinmauer, geheimnisvoll verschlossen für den Außenstehenden«, wie es Jüngers Freund Dino Larese beschrieb, bis zu seinem Tod am 20. Juli 1977 an seinen Gedichten, Romanen und Essays arbeitete. Er war »eine widersprüchliche und hochinteressante Gestalt: ein an die Grundlagen gehender melancholischer Grübler und daseinsfroher Preiser des göttlichen Augenblicks; ein scharfer Polemiker und revolutionärer Nationalist, zugleich aber unerschrockener Gegner der Nationalsozialisten«, so der Literaturwissenschaftler Ulrich Fröschle.

1955 erhielt Friedrich Georg Jünger den Bodensee-Literaturpreis. Die Versuche seines Verlegers Vittorio Klostermann, ihm die Ehrenbürgerwürde Überlingens zu verschaffen, scheiterten kurz vor Jüngers Tod endgültig. Martin Heidegger (vgl. S. 98 f.) besuchte Jünger in Überlingen erstmals im Oktober 1942; hieraus entstand eine lange freundschaftliche Verbindung. Im September 1943 brachte der Maler Rudolf Schlichter aus München seine Zeichnungen bei den Jüngers in Sicherheit.

Mit seinem älteren Bruder führte Friedrich Georg Jünger eine »Art Zwillingsdasein zweiter Natur«, so Ernst Jüngers Biograph Paul Noack. Seit Ernsts Umzug 1948 von Niedersachsen nach Ravensburg, ein Jahr

später nach Wilflingen sahen sich die Brüder bis zu Friedrich Georg Jüngers Tod regelmäßig jede Woche.

Von Überlingen aus nehmen wir die B 31 (n) Richtung Stuttgart/Singen, die B 31 Richtung Sipplingen und ab Ludwigshafen die B 34, biegen nach 12 Kilometern auf die B 33 ab, nehmen dann die K 6170 und erreichen Allensbach und die Konstanzer Straße. Sie mündet in den Rathausplatz, von dem die Brunnengasse abgeht.

Allensbach

❸ Wohnhaus von Martin Andersen-Nexø
Brunnengasse 7

Der durch seine Romane *Pelle der Eroberer* (1906–1910) und *Ditte Menschenkind* (1917–1921) bekannt gewordene dänische Schriftsteller Martin Andersen (1869–1954), der sich nach seinem Kindheitsort Nexø auf Bornholm Andersen-Nexø nannte, wollte 1923 in Italien einen Erholungsurlaub verbringen, doch das faschistische Italien verweigerte dem engagierten Sozialisten die Einreise. So machte er am Bodensee Urlaub und ließ sich in Überlingen, dann in Konstanz nieder. Dort engagierte er sich auch als Verlagsberater. Mit seinem breiten Hut und einem »Stock mit einer ansehnlichen Kugel als Knauf, schieres unkommunistisches mit 900 gestempeltes Silber«, so der Schriftsteller Norbert Jacques, war er eine stadtbekannte Erscheinung.

1925 zog er nach Allensbach. Er erwarb dieses alte Bauernhaus, das er mit Johanna May, seiner dritten Ehefrau, einer Deutschen, ausbaute und fünf Jahre lang bewohnte. Lesereisen führten ihn, den viel gelesenen Arbeiterdichter, vom Bodensee durch ganz Deutschland und Österreich, er nahm an Schriftstellerkongressen teil und widmete sich der anwachsenden Leserpost. Literarisch waren die Jahre am See mit Ausnahme einiger Erzählungen und des zeitkritischen Romans *Im Gottesland* (1929) nicht übermäßig ergiebig. Im Frühjahr 1930 zog er zurück nach Dänemark. Nach Exiljahren in der Sowjetunion starb Andersen-Nexø 1954 in Dresden. Die Zeit am Bodensee beschreibt er ver-

Martin Andersen-Nexø (Mitte) mit seiner dritten Frau Johanna (li.), Else und Friedrich Munding in Allensbach

Fritz Mühlenweg im Kreis seiner Kinder, 1953

schlüsselt im Roman *Morten der Rote* (1945).

2004 wurde an dem mehrfach umgebauten Haus eine Gedenktafel angebracht.

Wir gehen zum Rathausplatz zurück, der in die Konstanzer Straße übergeht.

❹ Wohnhaus von Fritz Mühlenweg
Konstanzer Straße 31

Die Wende im Leben des 1898 geborenen Konstanzer Drogistensohns Fritz Mühlenweg brachten drei Reisen durch Zentralasien 1927–1932. Nach seiner Rückkehr ging er zum Malstudium nach Wien. Dort lernte er Elisabeth Kopriwa kennen. Sie heirateten ein Jahr später. Fritz Mühlenweg brach sein Kunststudium vorzeitig ab. Im Frühjahr 1935 zogen sie wegen der verschärften Devisenbestimmungen zurück nach Deutschland und konnten dank einer vorgezogenen Erbschaft dieses Haus anmieten und später kaufen. Hier lebten und arbeiteten Fritz und Elisabeth Mühlenweg mit ihren sieben Kindern bis zu ihrer beider Tod 1961.

Im Juli 1936 besuchten sie den Maler Otto Dix (vgl. S. 74 f.), der damals auf Schloss Randegg bei Singen lebte, und freundeten sich eng mit ihm und seiner Familie an. Auch mit dem in Hagnau lebenden Künstler Julius Bissier (vgl. S. 47 f.) bestand bis zu dessen Umzug ins Tessin ein freundschaftlicher Kontakt. 1939 wurde Mühlenweg eingezogen und diente bis Kriegsende als Zöllner auf der Insel Reichenau und in Meersburg. In dieser Zeit arbeitete er an einer Nachdichtung des chinesischen Buches der Lieder, des Schi-King, die 1946 erschien. Sein größter literarischer Erfolg war der in acht Sprachen übersetzte Abenteuerbericht *In geheimer Mission durch die Wüste Gobi* (1950). In den 1950er Jahren erschienen preisgekrönte Kinderbücher, die er gemeinsam mit seiner Frau schrieb und illustrierte. Den Folgen eines dritten Schlaganfalls erlag Fritz Mühlenweg am 13. September 1961, seine Frau starb anderthalb Tage später. Sie wurden auf dem Allensbacher Friedhof beigesetzt.

1998/99 wurde sein malerisches Werk, »das seine Wurzeln in jenem stilistischen Dreieck von Neuer Sach-

lichkeit, Magischem Realismus und Metaphysischer Malerei hat«, so die Kunsthistorikerin Barbara Stark, mit einer Retrospektive in Konstanz gewürdigt.

Wir fahren die Konstanzer Straße in Richtung Hegne, passieren die Waldsiedlung Reichenau und biegen auf die L 220 in Richtung Litzelstetten ab. Nach 9 Kilometern erreichen wir Litzelstetten.

Litzelstetten

5 Katholisches Pfarrhaus Wohnung von Johann Martin Schleyer Martin-Schleyer-Straße 18

Der katholische Geistliche Johann Martin Schleyer (1831–1912) wurde im Dezember 1875 wegen politischer Agitation nach Litzelstetten strafversetzt. Die ersten sieben Jahre in diesem Pfarrhaus bezeichnete Schleyer später als die schönsten seines Lebens.

Er sprach nach eigenen Angaben 50 Fremdsprachen, verfasste Denksprüche in 22 Sprachen und gab Grammatik- und Wörterbücher in 25 Sprachen heraus. Seine linguistischen Studien erstreckten sich auf 88 Sprachen und Dialekte. Die Plansprache Volapük schuf er in der Nacht vom 31. März auf den 1. April 1879: »In einer mir selbst rätselhaften, ja geheimnisvollen Weise, in dunkler Nacht, im Pfarrhaus in Litzelstetten, im Eckzimmer des 2. Stockes, das in den Pfarrgarten hinausschaut, als ich über so viele Missstände, Gebrechen und Jämmerlichkeiten unserer Zeit nachdachte, stand plötzlich das Gebäude meiner Weltsprache vor meinem geistigen Auge.« Volapük, eine Kunstsprache ohne grammatikalische Ausnahmen, Artikel oder Geschlecht, sollte als gemeinsames Kommunikationsmittel der Menschheit Verständigung und Frieden bringen.

Neben seiner Begabung für Fremdsprachen war Schleyer auch ein talentierter Musiker, der 16 Musikinstrumente spielte. Er veröffentliche biblische Dramen, Psalmen, Epen und Sinngedichte, aber auch medizinische Ratgeber, etwa *Universal-Heilmittel, wodurch Arzt, Apotheker, Zeit und viel Schmerzen erspart werden können.*

Fritz Mühlenweg (evtl. 2. von li.) mit dem Achter seines Rudervereins »Neptun«

1876–1884 gab er die Monatsschrift *Sionsharfe – Zeitschrift für katholische Poesie* heraus. Die meisten Beiträge darin stammten von ihm selbst. Im Sommer 1885 ließ er sich aus gesundheitlichen Gründen in den Ruhestand versetzen und zog 1889 nach Konstanz (vgl. S. 93 f.). Am Pfarrhaus zu Litzelstetten ist eine Gedenktafel in Volapük angebracht.

Wir fahren zurück nach Allensbach und folgen der B 33 bis Radolfzell. Dort nehmen wir die L 220/Schützenstraße stadteinwärts, fahren am Kreisverkehr links in die Radolfzeller Straße, dann links in die Konstanzer Straße. Auf der Konstanzer Straße nehmen wir jenseits der Bahnlinie die zweite Ausfahrt des Kreisverkehrs, die Mettnaustraße, die nach dem Kreisverkehr Strandbadstraße heißt. Diese fahren wir bis an ihr Ende.

Radolfzell-Mettnau

6 Villa Seehalde Scheffelschlösschen
Wohnhaus von Joseph Viktor von Scheffel
Strandbadstraße 104

Nach einem Urlaub in Radolfzell erwarb der Dichter Joseph Viktor von Scheffel (1826–1886) 1872 ein Badegrundstück auf der Halbinsel Mettnau. Bis 1874 ließ er hier die Villa Seehalde errichten. Hier, im so genannten »Scheffelschlösschen«, verbrachte er seine letzten zehn Lebensjahre. 1876 erwarb er schließlich die gesamte Halbinsel.

Durch den *Trompeter von Säckingen* (1853), den Roman *Ekkehard* (1855) und die *Gaudeamus-Lieder* zu Lebzeiten einer der bekanntesten deutschen Schriftsteller, wurde für Scheffel durch seinen Umzug an den See ein Traum aus dem Jahr 1863 wahr. »Wenn ich mein Leben frei gestalten könnte«, so Scheffel damals, »würde ich ein abgeschiedenes Häuslein im Gebirge oder an einem See bewohnen, und die Städte nur ausnahmsweise betreten.« Scheffels Werk war da schon so gut wie abgeschlossen, er publizierte

Joseph Viktor von Scheffel und sein Sohn Viktor, Mitte der 1870er Jahre

danach zumeist nur ältere Arbeiten sowie eine kleine Handvoll neuere Gedichte und Festspiele. Mehr Aufsehen erregte er durch das spektakuläre Ende seiner zweijährigen Ehe und die Entführung seines Sohns, den Scheffel allein aufzog. Hier in Radolfzell war er alles, schrieb ein Biograph, »Landwirt, Weinbergbesitzer, Jäger und Fischer, nur nicht Dichter«. War Scheffel auch beim Publikum sehr beliebt – das Scheffel-Jahrbuch verkündete 1903 stolz: »auf je 100 Köpfe kam ein Band Scheffel« –, so gelang es ihm doch erst nach 1880, finanzielle Schwierigkeiten zu überwinden.

Notorisch und aktenkundig waren seine Streitigkeiten mit Reichenauer Fischern, die angeblich widerrechtlich in seinen Gewässern fischten. Er strengte einen Prozess an, der sich über Jahre hinzog und in dem er schließlich unterlag. In seinem Gedicht *Mettnaustimmung* spiegelt sich Scheffels Verfassung: »Im Erkerstüblein hängt blaß und verblüht / Der Kranz, den ich niemals vergesse ... / Und sorgenmüd wälzt das Gemüt / Fünf schwere Zivilprozesse. // Aus Heimat und Thurgau bedrohn mich im Chor / Die Nachbargemeinden wie Drachen, / Und schnuppernd schnappt aus Schilf und Rohr / Des Fiskus Haifischrachen. // Kläng' nicht Windharfengetön aus der Höh' / Wie Erlösung von irdischen Nöten, / Ich spräche: ›Der Teufel hol' dich, o See, / Du Pfütze voll Schlangen und Kröten!‹«

Heute ist hier die Direktion des Kurbetriebs Mettnau ansässig. An der Villa wurde eine Gedenktafel angebracht und im Park ein Scheffel-Denkmal aufgestellt.

Von Radolfzell fahren wir 11 Kilometer in Richtung Moos über Iznang und Gundholzen auf der L 192 nach Horn.

Jacob Picard am Bodensee, 1937

Horn

❼ Gasthaus Hirschen
Logis von Jacob Picard
Kirchgasse 1

1936 kehrte der in Wangen am Untersee geborene jüdische Autor Jacob Picard (1883–1967) aus Berlin für knapp zwei Jahre an den Bodensee zurück. Im Brotberuf Rechtsanwalt und Syndikus, durfte er nach 1933 nicht mehr praktizieren. Seine schriftstellerischen Arbeiten konnte Picard nur noch in jüdischen Organen veröffentlichen. Auf der Höri lebte er zurückgezogen, arbeitete im Gartenbaubetrieb eines Freundes mit, unternahm mehrere Vortragsreisen, wobei er nur vor jüdischen Organisationen und Gemeinden sprechen durfte, und trieb seine Auswanderung in die Vereinigten Staaten voran, die erst 1940 gelang.

Zum einen war es wohl die größere Sicherheit in der Provinz, zum anderen die tiefe Verbundenheit zum Ort seiner Kindheit, die ihn an den See zog. Er schloss hier seinen Erzählband *Der Gezeichnete. Jüdische Geschichten aus einem Jahrhundert* ab. Vor allem um das damals bereits verschwundene badische Landjudentum drehte sich dieser im Ausland hoch gelobte Erzählband. Er vollendete in Horn auch die *Erinnerungen eigenen Lebens*, in denen er seine Kindheit und Jugend am See beschrieb (vgl. S. 76). Einer emigrierten Freundin teilte er deprimiert mit: »Obwohl ich ja erst wenig hinter der Mitte meiner Jahre stehe: Lebenserinnerungen. Aber können wir das nicht, ist unser Leben hier nicht so abgeschlossen, als seien wir am Ende unserer Tage?«

In den USA schlug sich der Jurist und Dichter als Gärtner und Buchhalter durch und kehrte nur zu kürzeren Besuchen an den Bodensee zurück. 1964 wurde er mit dem Bodensee-Literaturpreis der Stadt Überlingen ausgezeichnet, im Mai desselben Jahres zog er in das Konstanzer Altersheim Hebelhof, Hebelstraße 6–8, wo er vier Monate später starb.

Wir folgen der L 192/Hauptstraße 2 Kilometer bis in den Ortskern von

Gaienhofen. Rechts zweigt die Kapellenstraße ab.

Gaienhofen

8 Hermann-Hesse-Höri-Museum
Wohnhaus von Hermann Hesse
Kapellenstraße 8

Im Sommer 1904 mieteten der Autor Hermann Hesse (1877–1962) und seine Frau Maria, genannt Mia, dieses kleine Bauernhaus in der Kapellenstraße, das sie drei Jahre lang bewohnten. Im selben Jahr war sein Roman *Peter Camenzind* erschienen, der sich so gut verkaufte, dass Hesse fortan als freier Schriftsteller leben konnte. Das Ideal des Paares war ein naturnahes Leben. »Ich wohne also jetzt mit Frau in Gaienhofen, in einem lustigen Bauernhäuschen (Jahresmiete 150 Mark)«, teilte Hesse Anfang September 1904 dem Schriftsteller Alexander von Bernus mit, »das sich hoffentlich auch im Winter bewohnbar zeigt. Einstweilen tat ich das Mögliche mit Dachflicken und Ausbessern der Böden usw. und bin viel mit Beil und Hammer tätig. Unser Leben hier ist völlig einsam und ländlich, doch nicht ganz, was man poetisch-idyllisch nennt. Das Dörflein ist ganz klein und hat nur einen Bäcker, aber keine Läden, keinen Metzger usw. Ich muß also, sobald etwas nötig wird, nach Steckborn rudern und dort einkaufen. Dabei wird der Zoll passiert, und ich kann schon den ganzen Zolltarif für Küchensachen usw. auswendig, ziehe aber natürlich wo möglich das Schmuggeln vor.« Der österreichische Schriftsteller Stefan Zweig, der einer Wiener großbürgerlichen Familie entstammte, besuchte die Hesses im Sommer 1905 und stieß sich so heftig den Kopf an einem niedrigen Türbalken, dass ihm schwarz vor Augen wurde.

In Gaienhofen schrieb Hesse seinen Roman *Unterm Rad* und war Mitarbeiter vieler Zeitungen und Zeitschriften, beim liberalen *März* fungierte er sogar bis 1912 als Mitherausgeber. 1907 bezogen die Hesses im Ort ein eigenes Haus in der heute nach dem Autor benannten Straße (vgl. S. 71 f.).

Heute befindet sich in diesem Haus das Hermann-Hesse-Museum, das 1993 dem Höri-Museum angegliedert

Hermann Hesse, der Maler Max Bucherer und seine Frau Els, der Komponist Othmar Schoeck und seine Frau beim Baden im Bodensee, 1903

Hugo Erfurth (re.) und Erich Stenger, 1936

wurde und eine Dauerausstellung zu Leben und Werk Hesses zeigt.

Wir gehen erst nach rechts, dann gleich wieder links und erreichen den Badischen Hof.

9 Badischer Hof
Ehemaliger Gasthof
Zum Deutschen Kaiser
Atelier von
Hugo Erfurth
Zur Hohenmarkt 12

Hugo Erfurth (1874–1948), einer der wichtigsten deutschen Fotografen der ersten Hälfte des 20. Jahrhunderts, zog im Mai 1943 nach Gaienhofen, um der Bombardierung des Rheinlands zu entgehen. Vier Wochen später wurde sein Atelier in Köln zerstört. Somit war eine Rückkehr unmöglich. Erfurth richtete sich im Saal des Gasthofs Zum Deutschen Kaiser ein Studio mit Dunkelkammer und Arbeitsraum ein, indem er mittels Pappwänden einen 12 Quadratmeter großen Raum abtrennte.

Er lebte zumeist von Passfotos und von Porträts französischer Besatzungssoldaten. Er schuf aber auch atmosphärische Aufnahmen von Häusern in Gaienhofen. Um eine Zwangsumsiedelung nach Köln abzuwenden, musste er Mitte 1946 den Nachweis führen, dass seine Arbeit am See kulturwichtig sei. So organisierte er unter großen Anstrengungen im Konstanzer Wessenberghaus eine Retrospektive mit 160 eigenen Arbeiten – zumeist aus den 1920er Jahren stammende Porträtaufnahmen – unter dem Titel *Bildnisse des XX. Jahrhunderts*. 15 000 Besucher sahen diese Ausstellung. Der begleitende Katalog, den Erfurth zusammen mit dem namhaften Kunsthistoriker Will Grohmann konzipiert hatte, erschien wegen wirtschaftlicher Schwierigkeiten des beauftragten Verlags nie. Hugo Erfurth starb 1948 in Gaienhofen. Sein Grab befindet sich auf dem örtlichen Friedhof.

Erfurths Sohn Gottfried (1900–1986), 1945 aus der Kriegsgefangen-

Hermann Hesse mit seinem Jugendfreund Ludwig Finckh (li.) im Speisewagen

schaft entlassen, führte nach dem Tod seines Vaters das Atelier einige Zeit weiter und arbeitete nach dessen Schließung als freier Künstler in Gaienhofen.

Der seit 1888 existierende Gasthof Zum Deutschen Kaiser wurde 1980 abgerissen und durch einen Neubau ersetzt.

Von hier biegen wir linkerhand in den Ludwig-Finckh-Weg.

⑩ Wohnhaus von Ludwig Finckh
Ludwig-Finckh-Weg 5

Ende März 1905 kam der Arzt und Schriftsteller Ludwig Finckh (1876–1964) das erste Mal nach Gaienhofen – und blieb bis zum Ende seines Lebens. Sein Freund Hermann Hesse, den Finckh aus Tübingen kannte, hatte ihn eingeladen. »Wir lagen in der Sonne und im Wasser«, erinnerte sich Finckh später, »ruderten über den Bodensee, guckten in den Himmel, – Freilichtsanatorium!« Finckh gab den Arztberuf auf und widmete sich ganz der Literatur. Bis zu Hesses Wegzug 1912 waren sie eng befreundet und arbeiteten auch zusammen. Fast zeitgleich erbauten sie sich 1907 Häuser oberhalb des Ortskerns und pflegten entlang des Sees viele Kontakte zu anderen Schriftstellerfreunden und -kollegen.

Finckh hatte seinen größten Erfolg vor dem Ersten Weltkrieg mit dem Roman *Der Rosendoktor* (1905). Nach 1918 vertrat er aggressiv chauvinistische, nationalkonservative Positionen. Daran zerbrach die Freundschaft mit Hesse. Nach 1933 war Finckh Propagandist der nationalsozialistischen Diktatur, weshalb seine Bücher nach Kriegsende kaum noch Beachtung fanden. Finckh, ein begeisterter Wanderer, setzte sich früh für Belange des Naturschutzes ein. So kämpfte er 1912–1935 erfolgreich für den Erhalt des Berges Hohenstoffeln im Hegau, der durch industriellen Basaltabbau bedroht war. Ludwig Finckh engagierte sich auch im kulturellen Leben des Ortes und war viele Jahre lang aktives Mitglied des Dorforchesters.

Hermann Hesse in seiner Gaienhofener Bibliothek, um 1909

Wir gehen 70 Meter bis zur Straße Auf der Breite, gehen diese bis zum Abzweig Schweizerhalde und hier nach rechts. Die Schweizerhalde mündet in den Erlenlohweg und dieser in den Hermann-Hesse-Weg.

11 Hermann-Hesse-Haus
Früher »Haus am Erlenloh«
Wohnhaus von
Hermann Hesse
Hermann-Hesse-Weg 2

1907 war das Haus in der Kapellenstraße für die mittlerweile mehrköpfige Familie Hesse – 1905, 1909 und 1911 kamen drei Söhne auf die Welt – zu klein geworden. Hesse erwarb hier am Ortsrand ein 9000 Quadratmeter großes Wiesen- und Ackerhanggrundstück und ließ sich im Reformstil das »Haus am Erlenloh« bauen: »... die Lage ist sehr schön, Quellwasser ganz nahe, das ganze 3 Minuten zum Dorf, mit weiter Seeaussicht nach 2 Seiten. Das Häusle wird bis zum 1. Stock massiv gemauert, oben Fachwerk und wahrscheinlich Schindelbekleidung, 7–8 Zimmer ohne Nebenräume.« Der Garten trug Züge der Ideen der Lebensreform, jener Bewegung, die unter dem Motto »Zurück zur Natur« stand: Pflanzenalleen, Schlingpflanzen am Haus und Blumenrabatten. Ihn legte Hesse eigenhändig an. »Ich baute im Garten einen Schuppen für das Brennholz und das Gartengerät«, schrieb Hesse in *Am Bodensee*, »ich steckte gemeinsam mit einem mich beratenden Bauernsohn Wege und Beete ab, pflanzte Bäume, Kastanien, eine Linde, eine Katalpe, eine Buchenhecke und eine Menge von Beerensträuchern und schönen Obstbäumen ... alles gedieh recht schön, und wir hatten damals die Erdbeeren und Himbeeren, den Blumenkohl und die Erbsen und den Salat im Überfluss.«

Gaienhofen war für Hesse aber keineswegs ein Rückzug in eine Selbstversorger-Idylle inklusive gesunder Lebensführung, auch wenn er zu den Gründern des örtlichen Turnvereins zählte. Im Gegenteil: Der sehr pro-

duktive Autor war 1907–1912 als Literaturkritiker tätig, ging auf Vortragsreisen, fuhr nach Italien, unternahm 1911 mit dem Freund und Maler Hans Sturzenegger eine Reise durch Ceylon und Indonesien – nicht zuletzt eine Flucht vor zunehmenden Eheproblemen –, brach zum Bergsteigen und zum Skifahren auf und pflegte zahlreiche Kontakte und Freundschaften zu Malern und Musikern aus dem Thurgau, aber auch aus dem Umkreis der Münchner Zeitschrift Simplicissimus, etwa zu Ludwig Thoma und Olaf Gulbransson. In diesen Jahren schrieb Hesse vor allem Gedichte und Erzählungen, der Roman Gertrud (1910) galt ihm später als misslungen.

1912 verkaufte er das Haus und zog nach Bern. 1923 trennten sich Hesse und seine Frau endgültig. Das Haus »Im Erlenloh« kaufte 1920 der Maler Walter Waentig (1881–1962). Seine Witwe betrieb hier bis etwa 1990 eine Ferienpension. 2004/2005 wurde das Haus saniert und Hesses ursprüngliche Gartengestaltung wiederhergestellt. Es ist nach Voranmeldung zu besichtigen.

Auf der L 192/Hauptstraße fahren wir weiter nach Hemmenhofen. Im Dorfzentrum biegen wir rechts in die Straße Im Kellhof, die zum Alten Weg wird. Die erste Straße links ist der Erich-Heckel-Weg.

Hemmenhofen

⓬ Haus am Hang
**Haus von
Erich Heckel
Erich-Heckel-Weg 6**

1950 bezogen der Maler Erich Heckel (1883–1970), Gründungsmitglied der expressionistischen Künstlergruppe »Die Brücke«, und seine Frau Siddi das Haus am Hang. Sechs

Blick in Hesses Gaienhofener Bibliothekszimmer im »Haus am Erlenloh«

Hermann Hesse mit seinem ältesten Sohn Bruno vor dem »Haus am Erlenloh«, um 1909. Sitzend der befreundete Maler und Graphiker Max Bucherer und seine Frau Els

Erich Heckel, Selbstbildnis, 1919

Jahre zuvor, im Januar 1944, waren Wohnung und Atelier des Malers in Berlin-Wilmersdorf durch Bomben zerstört worden. So nahmen die Heckels die Einladung des Kunsthistorikers Dr. Walter Kaesbach (1879–1961) nach Hemmenhofen gerne an.

Heckel und Kaesbach kannten sich seit 1912. Kaesbach war 1933 von den Nationalsozialisten seines Postens als Direktor der Düsseldorfer Kunstakademie – er hatte Heinrich Campendonk und Paul Klee als Professoren berufen – enthoben worden. Daraufhin zog er sich an den Bodensee zurück und lebte hier bis zu seinem Tod von einer kleinen Rente. 1936 hatte Heckel ihn besucht und war zwei Monate geblieben. Kaesbach widmete sich neben der Pflege seiner Freundschaften mit vielen Künstlern vor allem seinem Garten. »Staudenrabatten und Spargelbeete«, so die Kunstwissenschaftlerin Anna Klapheck, »spielen fortan eine wichtige Rolle in seinem Denken. Im blauen Leinenanzug, einen Tessiner Strohhut auf dem Kopf, so trafen ihn die Besucher an.« Im Oktober und November 1945 zeigte das Museum der Stadt Überlingen die von Walter Kaesbach organisierte Ausstellung *Deutsche Kunst unserer Zeit*, in der Arbeiten jener modernen Künstler zu sehen waren, die unter den Nationalsozialisten verfemt und verboten waren. Nach Kaesbach wurde in Hemmenhofen eine Straße benannt.

1944 bezogen die Heckels hier in Hemmenhofen zuerst ein Sommerhaus. Es ist das erste Gebäude nach dem Ortseingangsschild an der Hauptstraße, dicht am Ufer gelegen und daher »stets feucht und kühl«, wie der Maler klagte, und heute, da in Privatbesitz, nicht öffentlich zugänglich. Die Heckels teilten es mit dem Bildhauer Hans Kindermann (1911–1997). Die Versorgung mit Lebensmitteln war gut, Heckel vermisste aber die »herbe, frische, intensive Arbeitsluft Berlins, seine fruchtbare Einsamkeit und Ungestörtheit im 5. Stock eines Mietshauses«, so die Kunsthistorikerin Andrea Hofmann. Auch mit dem Dialekt der Einheimischen hatte er Schwierigkeiten. Neue Werke entstanden hier nur wenige, auch weil der Atelierraum nicht zu beheizen und der Alltag hart war. Heckel in einem Brief an den Berliner

Otto Dix in seinem Atelier in Hemmenhofen, 1965

Malerfreund Max Kaus: »Vorigen Winter mußten wir alles Wasser etwa 200 m weit ins Haus tragen, den Weg ständig von Schnee freischaufeln. Beim Holz habe ich einige Wochen erst die Bäume mit helfen fällen, zersägen, dann die Stücke nach Hause schaffen und zerkleinern.« So wurde nach 1946 vor allem Heckels expressionistisches Frühwerk ausgestellt. Ende 1949 erhielt er eine Professur an der Kunstakademie in Karlsruhe, die er 1955 niederlegte.

1955 bezogen Erich und Siddi Heckel schließlich das Haus am Hang, mit dessen Bau 1950 begonnen worden war. Auch wenn er gelegentlich über die »permanente Eintönigkeit, Spannungslosigkeit, wenn nicht sogar monatelang anhaltende See-Langeweile« klagte, so blieb er bis zu seinem Tod im Januar 1970 hier wohnen. Heckels Spätwerk ist stilistisch und motivisch eine Weiterführung seiner Arbeiten vor 1933. Hinzu kam eine zunehmende Beschäftigung mit Vergänglichkeit und Tod.

Wir gehen zurück zur L 192/Hauptstraße, biegen rechts in diese ein und nach 800 Metern in den Otto-Dix-Weg.

⓭ Wohnhaus und Atelier von Otto Dix
Otto-Dix-Weg 6

Der Maler Otto Dix lebte hier von September 1936 bis zu seinem Tod 1969. Seit Mitte der 1920er Jahre zählte der 1891 geborene Thüringer, einer der Mitbegründer der Neuen Sachlichkeit, mit seinen gesellschaftskritischen Arbeiten, in denen er die Schrecken des Krieges und das Nachkriegselend schonungslos und gallig darstellte, zu den wichtigsten und bekanntesten Malern der Moderne. 1926 wurde er Nachfolger Oskar Kokoschkas an der Dresdner Kunstakademie. Im April 1933 enthoben die Nationalsozialisten ihn als einen der ersten seines Amtes. Wenige Monate später wurde Dix erstmals öffentlich als »entartet« diffamiert und 1934 mit Ausstellungsverbot belegt. 1937 waren 15 Arbeiten von ihm in der Ausstellung *Entartete Kunst* zu sehen.

Im Sommer 1933 zog sich Otto Dix zuerst auf Schloss Randegg nahe Singen zurück. Es begann die Zeit der Inneren Emigration. Eine Erbschaft seiner Frau Martha (1895–1985) machte den Bau eines eigenen Hauses hier in Hemmenhofen möglich. Der Dresdner Architekt Arno Schelcher entwarf ein großbürgerliches Haus mit 170 Quadratmetern Wohn- und Nutzfläche. Im Erdgeschoss befanden sich das »Blauer Salon« genannte Wohnzimmer, Esszimmer und Bibliothek. Das rund 47 Quadratmeter große Atelier im ersten Stock war der größte Raum des Hauses.

»Die Hardthalde, auf der das Haus steht«, erinnerte sich sein Sohn Ursus Dix, »war 1936 noch ziemlich kahl. Bis in die 40er Jahre hatte man vom großen Atelierfenster noch einen Blick aufs Dorf und das Schweizer Ufer.« Und: »Das Leben auf dem Dorf war für ihn nicht leicht. Wir waren ja Fremde, er mit dem leicht thüringischen Akzent, wir Knaben sprachen anfangs sächsisch gefärbt.«

Dix widmete sich ab Mitte der 1930er Jahre verstärkt biblischen und landschaftlichen Themen – auch wenn er, der Großstädter, noch 1933 erklärt hatte: »Ich stehe vor der Landschaft wie eine Kuh« – sowie Porträts in altmeisterlichem Stil. Bis 1943 fuhr er regelmäßig nach Dresden, wo er ein zusätzliches Atelier unterhielt. Dort war er Ende 1939 auch von der Gestapo zwei Wochen lang inhaftiert worden, da vermutet wurde, er sei in das fehlgeschlagene Bombenattentat auf Hitler im Münchner Bürgerbräukeller am 8. November 1939 verwickelt (der Attentäter Georg Elser, ein Handwerker, war am Abend des 8. November vom Zollgrenzschutz am Grenzübergang Konstanz verhaftet worden).

Ab 1947 wurden seine Werke auf zahlreichen Ausstellungen gezeigt. Eine Professur erhielt er jedoch weder in der Bundesrepublik noch in Dresden, wo er sein Atelier erst 1951 aufgab.

Das Haus ist heute von einem Garten umgeben. »Was haben wir für eine Arbeit mit den Obstbäumen gehabt«, erinnerte sich Martha Dix. »Gegen die Mäuse haben wir alte Fische eingegraben, das stank, und lauter solche Sachen. Der Jan [ihr Sohn] und ich sind den Berg rauf und runter gehetzt mit einem Ding auf dem Rücken, das wir uns geliehen hatten, um die Bäume zu spritzen. Es hat alles nichts genutzt, die Bäume sind eingegangen ... Dann haben wir versucht, eine Wiese anzulegen. Wir haben Lupinen gepflanzt, aber wenn es geregnet hat, wurde alles runtergeschwemmt. Wir sind den Hang hochgeklettert und haben sie wieder reingestochen. Dann haben wir es mit Klee versucht, genau dasselbe, bei jedem Regen ist einfach alles unten gelandet. Es hat drei Jahre gedauert, bis da überhaupt was wuchs.«

Durch die Initiative eines 1988 gegründeten Fördervereins wurde das Haus in ein Museum umgewandelt. Wechselnde Ausstellungen zeigen seit 1991 Aspekte des umfangreichen Dix'schen Werkes sowie seiner Beziehungen zu Künstlerfreunden.

Wir fahren die L 192/Hauptstraße weiter nach Südwesten. Kurz nach Ortsbeginn von Wangen steht an der Straße das Geburtshaus Jacob Picards.

Wangen am Untersee

⓮ Geburtshaus von Jacob Picard
Hauptstraße 60

In diesem direkt an der Straße gelegenen Haus wurde am 11. Januar 1883 Jacob Picard geboren, der bedeutendste Autor des oberbadischen Landjudentums. Hier verbrachte er seine Kindheit, bevor er mit zehn Jahren auf ein Gymnasium in Konstanz ging. Seine Familie folgte ihm zwei Jahre später. Wangen war eines von vier »Judendörfern« auf der Höri, und die Familie Picard ist seit Mitte des 18. Jahrhunderts hier nachweisbar. »Fragt man nach dem Jüdischen überhaupt, und wer mich dazu erzogen hat, so muß ich antworten, daß unser ganzes Leben davon erfüllt war, daß es die Luft war um mich von Anbeginn, bestimmt freilich von der starken Art des väterlichen Großvaters Isaac Jacob, mit dem wir im selben hochgiebeligen Haus wohnten, mit der angebauten Scheune und dem Stall, darin immer mindestens vier Kühe standen, am Ausgang des Dorfes an der Hauptstraße nach Osten«, so Jacob Picard in *Erinnerung eigenen Lebens*. Am Haus ist eine Gedenktafel angebracht.

Hier endet unsere Tour. Wollen wir die IV. Tour anschließen, so fahren wir die L 192 in südwestlicher Richtung über Kattenhorn und Öhningen weiter bis Stein am Rhein. Dort heißt sie Öhningerstraße und führt als Rhingas über den Rhein. Am anderen Ufer heißt sie Charregass. Wir biegen links ab und nehmen am Kreisverkehr die 13/ Eschenzerstraße, die bald Hauptstraße, dann später Seestraße heißt. Diese fahren wir über Mammern und Neuburg bis nach Glarisegg. Rechterhand sehen wir dort den Gebäudekomplex des einstigen Schweizerischen Landerziehungsheimes Glarisegg, heute ein »Zentrum für Begegnung und Bewusst-Sein«.

Einer der vielen »Eh«- oder »Wuoschtgräben« nahe der Wessenbergstraße in der Konstanzer Altstadt. Historisches Foto

IV.
Spaziergänge von Glarisegg bis Konstanz

Das Landerziehungsheim Glarisegg

Das gesamte Südufer – mit Ausnahme der Exklave Konstanz – gehört zum Schweizer Kanton Thurgau. »Hörtest die Melodie der Sprachen klingen, / die Schweizerlaute, die zum Herzen dringen!«, dichtete Eduard Mörike. Die Tour am Schweizer Untersee beginnt an der Seestraße in Glarisegg.

Glarisegg

❶ Ehemaliges Schweizerisches Landerziehungsheim Glarisegg
Schule von
Carl Jakob Burckhardt und
Friedrich Glauser
Seestraße

Der Basler Patriziersohn und spätere Historiker, Essayist, Professor, Diplomat und Präsident des Internationalen Roten Kreuzes Carl Jakob Burckhardt (1891–1974) lebte 1905–1909 im 1902 eröffneten Landerziehungsheim Glarisegg. In seinem Erinnerungsbuch *Memorabilien* schilderte er diese Jahre als entscheidende Phase seines Lebens: »Keine Wochenendhäuser, keine Fabriken, keine Automobile auf den Uferstraßen. Jetzt war ich in ein Paradies zurückgekehrt.« Noch 50 Jahre später widmete er seinen Lehrern, die den Hochbegabten maßgeblich förderten, liebevolle Porträts. Ihm war dieses Internat ein »glückhafter Port am Bodensee«, und die hier verbrachte Zeit galt ihm als ausgesprochen glücklich, denn er wurde in viele Richtungen nachhaltig gelenkt. In seinen Memoiren zitierte er auch einen Lehrer, der seinem Vater geschrieben hatte, er, Carl Jakob, sei »voll wahrheitsbedürfnis, kindlichen herzens und männlichen geistes – was kann man da alles hoffen!«. Die Treue, die Burckhardt Steckborn hielt, zeigte sich auch darin, dass er sich 1917/18 hierher zurückzog, um seine Dissertation zu vollenden. Auch später kam er immer wieder hierher.

Ganz andere Erinnerungen behielt der spätere Schriftsteller Friedrich Glauser (1896–1938), Sohn einer Österreicherin und eines Schweizers, an seine Zeit auf Glarisegg. Er war hier von Frühjahr 1910 bis Frühjahr 1913 untergebracht. Sein Vater, ein in Wien lebender Lehrer, schickte ihn hierher, um die schulischen Leistungen des nicht zu bändigenden Sohnes zu verbessern und ihn den Einflüssen der Großstadt zu entziehen. Doch Glausers Schwierigkeiten, Konflikte mit Lehrern und Auseinandersetzungen mit Mitschülern summierten sich. Er probierte hier auch erstmals, Äther und Chloroform zu schnüffeln. Als Schulden hinzukamen, wurde er, dem schon früher »Zynismus und Selbstüberschätzung« attestiert wurde, im Frühjahr 1913 relegiert.

Einem Freund lieferte der zeitlebens drogenabhängige Glauser ein Jahr vor seinem Tod eine geraffte Schilderung seines Lebens nach den Jahren in Glarisegg: »Dann 3 Jahre Collège de Genève. Dort kurz vor der Matura hinausgeschmissen ... Kantonale Matura in Zürich. 1 Semester Chemie. Dann Dadaismus. Vater wollte mich internieren lassen und unter Vormundschaft stellen. Flucht nach Genf ... 1 Jahr (1919) in Münsingen interniert. Flucht von dort. 1 Jahr Ascona. Verhaftung wegen Mo. [Morphium]. Rücktransport. 3 Monate Burghölzli (Gegenexpertise, weil Genf mich für schizophren erklärt hatte). 1921–23 Fremdenlegion. Dann Paris Plongeur. Belgien Kohlengruben. Später in Charleroi Krankenwärter. Wieder Mo. Internierung in Belgien. Rücktransport in die Schweiz. 1 Jahr administrativ Witzwil. Nachher 1 Jahr Handlanger in einer Baumschule. Analyse (1 Jahr) ... Als Gärtner nach Basel, dann nach Winterthur. In dieser Zeit den Legionsroman geschrieben (1928/29), 30/31 Jahreskurs Gartenbauschule Oeschberg. Juli 31 Nachanalyse. Januar 32 bis Juli 32 Paris als ›freier Schriftsteller‹ (wie man so schön sagt). Zum Besuch meines Vaters nach Mannheim. Dort wegen

falschen Rezepten arrestiert. Rücktransport in die Schweiz. Von Juli 32 – Mai 36 interniert. Et puis voilà. Ce n'est pas très beau ...«

Ende der 1920er Jahre verfasste Friedrich Glauser seinen ersten Roman *Der Tee der drei alten Damen*, der 1932 erschien. 1935 veröffentlichte er einen autobiographischen Essay über Glarisegg. Einer seiner Lehrer, dem dieser Text nicht bekannt war, prophezeite Glauser zwei Jahre später, würde er eines Tages über Glarisegg schreiben, würde es ein Erfolg werden, denn: »Man wird diesen Schilderungen das Grausame zuerst gar nicht anmerken, weil sie ganz anspruchslos und ohne jede beleidigende Absicht niedergeschrieben sein werden, aber Sie verstehen es so sehr, harmlos und teuflisch in einem zu sein, daß niemand aufzumucken wagt.«

Zwischen 1936 und 1939 erschienen die noch heute sehr beliebten und mehrfach verfilmten Kriminalromane um Wachtmeister Studer.

Friedrich Glauser, um 1917/18

Adolf Dietrich mit seinem Selbstbildnis von 1949

Postum wurde der Roman *Gourrama* veröffentlicht, in dem er die Erlebnisse in der französischen Fremdenlegion verarbeitete.

Der wohl bedeutendste Preis für deutschsprachige Kriminalliteratur wurde nach ihm benannt. Der »Ehrenglauser«, mit der das kriminalliterarische Gesamtschaffen einer Person gewürdigt wird, ist eine Bronzefigur, die Wachtmeister Studer darstellt.

Das Internat schloss 1980. 1987–2001 als Waldorfschule genutzt, bezog 2003 ein »Zentrum für Begegnung und Bewusst-Sein« mit Kindergarten und Sekundarschule das 1772–1774 erbaute Schloss.

Von Glarisegg fahren wir 5 Kilometer auf der 13 in nordöstlicher Richtung durch Weier und Steckborn nach Berlingen. Ab dem Ortseingangsschild heißt sie Seestraße.

Berlingen

2 Wohnhaus von Adolf Dietrich
Seestraße 31

Der stilistisch zwischen naiver Malerei und Neuer Sachlichkeit anzusiedelnde Maler Adolf Dietrich (1877–1957) verbrachte sein ganzes Leben in diesem kleinen, schlicht eingerichteten Haus. 1918 schrieb er: »Nun starb im letzten Dez. auch mein lieber Vater i. 90. Lebensjahr & so hause ich allein & mit einigen Ziegen & Kaninchen bewohne ich das mir gehörende Geburtshaus.« Erst ab 1924 konnte der Autodidakt, der Junggeselle blieb, von seiner Kunst leben. Bis dahin hatte er seinen Unterhalt als Arbeiter in einer Trikotfabrik, Heim-Maschinenstricker und Waldarbeiter verdient. Schon als Jugendlicher malte er leidenschaftlich jeden Sonntag. 1913 wurden erstmals Bilder von ihm ausgestellt, 1937 erlebte er seinen internationalen Durchbruch und nahm an

Ausstellungen in Paris, London und New York teil. In seinem letzten Lebensjahr waren seine Arbeiten so gefragt, dass er eigene Bilder kopierte.

Adolf Dietrich war von den Formen der Natur fasziniert und besaß eine Sammlung mit ausgestopften Tieren, von denen viele in seinen Gemälden auftauchten. Er benutzte keine Staffelei, sondern malte seine Bilder auf dem Tisch seines Wohnraums im ersten Stock auf Karton, später auf Holz. Leinwand verwendete er nie. Die Fensterbank in der Wohnstube war sein Lieblingsplatz. Von hier aus bewunderte er den gegenüber gelegenen kleinen Barockziergarten, der auch in einigen seiner Arbeiten zu sehen ist. 1996 wurde der Garten wiederhergestellt, er sieht nun so aus wie auf Dietrichs Bildern. Im selben Jahr wurde im Erdgeschoss seines Hauses, das er der Thurgauischen Kunstgesellschaft vermachte, eine Dokumentation über ihn eingerichtet. In Dietrichs Malstube wurde nach seinem Tod nichts verändert. Das Haus ist von Mai bis September zu besichtigen.

Der 13/Seestraße folgen wir 4 Kilometer bis Salenstein. 500 Meter nach Ortsbeginn biegen wir in die Arenenbergstraße und folgen der Ausschilderung zum Schloss Arenenberg.

Salenstein

❸ Schloß Arenenberg
Wohnsitz von Hortense de Beauharnais

Am 11. Februar 1817 unterzeichnete Hortense de Beauharnais den Kaufvertrag für Schloss Arenenberg, ließ es umbauen und lebte hier bis zu ihrem Tod am 5. Oktober 1837.

Durch die Heirat ihrer Mutter Joséphine mit Napoleon Bonaparte war die 1783 geborene Hortense 1796 die Stieftochter des Korsen geworden, der sich 1804 zum Kaiser der Franzosen krönte. Sie heiratete 1802 dessen Bruder Louis (1778–1846), von dem sie sich 1810 trennte. Nach Napoleons Niederlage bei Waterloo 1815 wurden Hortense und die Familie Bonaparte aus Frankreich vertrieben. Sie reiste durch halb Europa und fand Asyl in Konstanz. Dort wurde sie

Hortense de Beauharnais, Selbstporträt. Aquarell, 1818

Schloss Arenenberg. Kolorierte Umrissradierung von Nikolaus Hug, um 1833

auf das in der neutralen Schweiz gelegene Schloss Arenenberg aufmerksam. Die Sommer verbrachte sie hier, den Rest des Jahres in Augsburg bei ihrem Bruder Eugène de Beauharnais (1781–1824).

Sie und ihr Sohn Charles-Louis (1808–1873), der spätere französische Kaiser Napoleon III., zogen viele Besucher und kaisertreue Pilger an, die vor allem Napoleon-Erinnerungen aus erster Hand hören wollten. Die Gäste von Hortense stiegen zumeist auf dem in Sichtweite gelegenen Schloss Wolfsberg ab. Dichter, Künstler, Politiker, Journalisten und Gelehrte machten Arenenberg ihre Aufwartung, so Alexander von Humboldt, Franz Liszt, Henri Dufour, Ignaz Heinrich von Wessenberg sowie Adolphe Thiers, der spätere französische Ministerpräsident, und der preußische Architekt Karl Friedrich Schinkel.

Ende Juli 1832 kam Alexandre Dumas père (1802–1870), der kurz zuvor die jüngste Napoleon-Mode mit einem binnen acht Tagen verfassten Schauspiel (erfolglos) auszunutzen versucht hatte, nach Arenenberg. Ein Historiker schilderte den Pariser Schriftsteller als ehrgeizigen Mann voller Elan, mitteilsam, eloquent und erfüllt von Wissbegier. Und von Staunen: »Als ich begriff«, bekannte er, »daß die Mutter, von der diese Tochter sprach, Joséphine war, daß ihr Stiefvater Napoleon ... – da war es mir, als träume ich.« Doch im Gespräch verhielt er sich wie ein recherchierender Reporter auf der Suche nach Material. »Sein Besuch bei der Königin Hortense«, so ihr Biograph Pierre Grellet, »glich einem Interview für einen Artikel.« Das unzeremoniöse Verhalten von Hortense – sie kam ihm am ersten Tag bereits im Garten entgegen – erstaunte den Viel- und Schnellschreiber, der später große Erfolge mit den Romanen *Die drei Musketiere* und *Der Graf von Monte Christo* hatte. Seinerseits musste Dumas von aktuellen Entwicklungen, Ereignissen und *dernier cris* in Paris erzählen.

Vier Wochen später war der Dichter François-René de Chateaubriand (1768–1848) bei Hortense zu Gast. Schloss und Landschaft hinterließen zwiespältige Eindrücke. »Man genießt dort einen weiten, aber traurigen Ausblick«, hielt Chateaubriand in seinen *Mémoires d'outre-tombe* fest. »Der Blick beherrscht den unteren

Teil des Bodensees, der nichts anderes ist als die Ausweitung des Rheins über ertrunkene Wiesen. Auf der andern Seite des Sees bemerkt man dunkle Gehölze, Ausläufer des Schwarzwaldes; einige weiße Vögel flattern unter einem grauen Himmel, getragen von einem eisigen Wind. Dort hat sich die Königin Hortense, nachdem sie auf einem Thron gesessen hatte und nachdem sie schmählich verdächtigt worden war, auf einem Felsen niedergelassen ... Der Himmel war dunkel und regnerisch; der Wind wehte in den Bäumen und das Käuzchen klagte; eine richtige germanische Umwelt ... Die Frau Herzogin hat mir einige Partien aus ihren Memoiren vorgelesen, sie hat mir ein Kabinett gezeigt, das ganz angefüllt ist mit Napoleonreliquien. Ich habe mich gefragt, warum mich diese Kleiderschau so kalt ließ, warum dieser kleine Hut, diese in der und jener Schlacht getragene Uniform so wenig interessierte – ich war weit mehr ergriffen, als ich selbst den Tod Napoleons auf St. Helena erzählte.«

Den Idealen des Naturphilosophen Jean-Jacques Rousseau folgend, schuf Hortense mit Hilfe namhafter Gartenarchitekten, darunter Fürst Hermann von Pückler-Muskau, einen bedeutenden Landschaftspark mit Wasserspielen, Eremitage, Grotten, Brücke, exotischen Pflanzen und üppigen Blumenbeeten. Sie führte hier um 1830 die Pappel ein, womit sie die Ähnlichkeit zwischen den Buchten des Bodensees und dem Golf von Neapel unterstreichen wollte.

Schloss Arenenberg beherbergt heute ein Napoleonmuseum. Seit 2004 wird die ursprüngliche Gartengestaltung sukzessive rekonstruiert.

Die Arenenbergstraße gehen wir 500 Meter abwärts.

❹ Altes Schulhaus
Wohnung von Ferdinand Hardekopf und Olly Jacques
Arenenbergstraße 33

Der Dichter, Kritiker und Übersetzer Ferdinand Hardekopf (1876–1954) war 1916 von Berlin in die Schweiz emigriert. Nach einem Aufenthalt in Ludwig Binswangers Klinik Bellevue (vgl. S. 105 ff.) – »Schloss Neurose« nannte er es scherzhaft – zog er mit seiner Freundin Olga Jacques, genannt Olly, der geschiedenen Frau des Schriftstellers Norbert Jacques (vgl. S. 27 f., 121 f.), in das alte Schulhaus in Salenstein. Befreundete Schriftsteller, Journalisten und in die Schweiz emigrierte Pazifisten kamen bis Kriegsende hierher. So erinnerte sich beispielsweise Hardekopfs Freundin Sylvia von Harden später gerne an diese Zeit: »Mannenbach [das mit Salenstein und Fruthwilen eine so genannte Munizipalgemeinde bildete], das zwischen Zürich und Kreuzlingen liegt, konnte 1916/1917 noch nicht einmal das Wort ›Dorf‹ für sich in Anspruch nehmen; einen Bahnhof gab es damals noch nicht. Der Zug hielt auf offener Landstraße ... In Mannenbach lernte ich durch Hardy [Hardekopf] in dieser Bauernstube noch viele interessante Frauen und Männer kennen, von denen mir besonders Olly Jacques durch ihren Humor und Intelligenz auffiel. Blond, mollig, äußerlich alles andere als anziehend, strömte innerlich eine Wärme von ihr aus, die mir immer gegenwärtig bleiben wird.«

Olly Jacques und Ferdinand Hardekopf

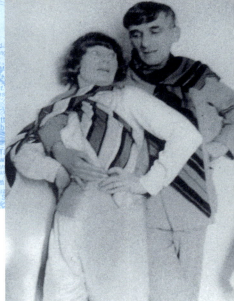

Nach dem Ende des Ersten Weltkriegs zog Olly Jacques nach Carabietta ins Tessin, wo sie einige Jahre später eine Pension eröffnete. Sie starb dort 1949.

Ferdinand Hardekopf kehrte 1921 nach Berlin zurück und gründete dort das Kabarett »Größenwahn«, verließ die Stadt aber ein Jahr später wieder und lebte mit seiner Lebensgefährtin Sita Staub in Frankreich und der Schweiz. 1940 floh er nach dem Einmarsch der deutschen Wehrmacht endgültig in die Schweiz, dabei ging das Manuskript seines Hauptwerks *Die Dekadenz der deutschen Sprache* verloren, an dem er 30 Jahre lang gearbeitet hatte. Im Sommer 1954 starb er in Zürich, Sita Staub starb wenige Monate später.

Ferdinand Hardekopf, den sein Freund Kurt Hiller einmal als »großzügig Zerrütteten, oszillierendes Wunder, Orchis, träumenden Spätsophisten« charakterisierte, hinterließ nur ein schmales literarisches Werk, »mehr Verheimlichung als Veröffentlichung«, so Hardekopf selbst. Nach 1918 wurde er vor allem für seine Übersetzungen aus dem Französischen gerühmt, von Büchern Guy de Maupassants etwa, André Gides und Jean Cocteaus.

Von hier fahren wir auf der 13 bis zum 3 Kilometer entfernten Ermatingen. Dort heißt sie Hauptstraße. In der Ortsmitte biegen wir rechts ab in die Fruthwiler Straße, folgen dieser 2 Kilometer und biegen in Fruthwilen links in die Hubstraße.

Fruthwilen

5 Schloss Hub
Wohnung von Hans Leip
Hub 13

Um 1950 kam der Hamburger Schriftsteller und Maler Hans Leip (1893–1983), dessen bekanntestes Werk das 1915 verfasste und in den 1930er Jahren vertonte Gedicht *Lili Marleen* war, über Tirol, den Chiemsee, wo er seine dritte Ehefrau Kathrin Bade (1914–1996) kennengelernt und geheiratet hatte, und das Allgäu nach Wangen auf der Höri. Seine Frau erhielt auf Schloss Steinegg im thurgauischen Hüttwilen eine Stelle als Diätassistentin. Bei der Suche nach einer ruhig gelegenen Unterkunft wurden sie im Herbst 1954 in Fruthwilen fündig. »Ich schrieb eine Postkarte auf gut Glück und mit bezahlter Rückantwort, auf der folgende Fragen beantwortet werden sollten: Ist dort Bahnstation? – Ist dort Industrie, Flugplatz oder Militärgelände in der Nähe? – Wie ist das Leitungswasser? – Die Antwort lautete in bäuerlich derber Handschrift: Nein! – Nein! – Quellwasser«, schilderte es Leip.

Sie bezogen für eine Monatsmiete von 50 Schweizer Franken den Ostflügel des 1377 erstmals erwähnten Schlosses, das seit 1799 im Besitz ortsansässiger Bauernfamilien ist. Bald mieteten sie auch den Westflügel an und bewohnten in den folgenden zehn Jahren im zweiten Stock »vier Wohnräume, drei Schlafzimmer, zwei Küchen, zwei Badezimmer, ein Malstudio und einen riesigen Speicherboden. Über der vormaligen Schloßkapelle, die dem Unterstock angegliedert war und vorübergehend vom Geistlichen zum Geistigen, will sagen der Schnapsbrennerei hinabgediehen war, ließ ich mir mein Arbeitszimmer errichten.« Leip bemalte auch einige Wände. Diese Arbeiten haben sich erhalten. Schloss Hub ist in Privatbesitz und nicht zu besichtigen.

Vom Schloss Hub folgen wir 200 Meter einem Pfad in südwestlicher Richtung und erreichen die Hubhalde.

6 Wohnhaus von Hans Leip
Hubhalde

1964 war Hans und Kathrin Leip die Wohnung auf Schloss Hub zu laut und zu unbequem geworden. Sie sehnten sich nach größerer Abgeschiedenheit und erwarben ein 4000 Quadratmeter großes Grundstück auf der Hubhalde. Hans Leip entwarf das Haus im Klinkerstil selbst.

»Hier sind wir endlich ganz geborgen, erklärte Kathrin: Selbst die Seenebel zögern, uns heimzusuchen. – Denn unser Grundstück liegt höher und 250 m überm Ufer, weitab der Verkehrsstraßen, wenn auch ein paar Meter tiefer als die Hub«, so Leip in

Hans Leip

Jakob Christoph Heer

seinem Erinnerungsband *Das Tanzrad oder Die Lust und Mühe eines Daseins*. »Wir sehen nur einen schmalen Glitz vom See, von der Reichenau nur die Turmspitzen Peter und Paul, aber darüber die sanften Kuppen des Vaterlandes in beträchtlicher Ausdehnung. In Nordpeilung liegt über fünfhundert Meter tiefer die Vaterstadt [Hamburg] und die Nordseeküste.« Den Garten mit Hecken, Weg, Pforten, Goldfischteich, Unkenbecken, Vogelkästen, Ruhebänken, Tischen, Regentonnen und Beeten legte Leip eigenhändig an.

Der Sohn eines Hamburger Hafenarbeiters war vielfältig talentiert, er illustrierte seine Bücher, und manche seiner Gedichte vertonte er selbst. In den 1920er Jahren erhielt er durch die Vermittlung Thomas Manns und Hans Henny Jahnns mehrere Literaturpreise, nach 1933 versuchte er, in Deutschland einen Mittelweg zwischen Anpassung und Widerstand zu gehen – so publizierte er in regimenahen Zeitschriften und nahm 1938 am Begräbnis des verfemten Künstlers Ernst Barlach teil. Auch nach 1945 erschien vom flott arbeitenden Leip fast jedes Jahr ein neues Buch. Seine heiteren Werke, etwa *Das Bordbuch des Satans* (1959), verkauften sich gut.

Im Haus an der Hubhalde starb Hans Leip am 6. Juni 1983, seine Frau Kathrin im März 1992. Testamentarisch hatte das Paar verfügt, dass ihre Urnen im Garten beigesetzt und das Haus zur Gedenkstätte umgewandelt werden sollte. Es wurde jedoch von Kathrin Leips Erben verkauft, beider Grabstätten befinden sich heute auf dem Friedhof von Horn am Bodensee. Das Haus ist nicht öffentlich zugänglich.

Wir fahren die Fruthwiler Straße zurück nach Ermatingen bis zur Kreuzung Fruthwiler und Hauptstraße.

Ermatingen

**7 Gasthof Adler
Wohnung von
Jakob Christoph Heer
Logis von Leonhard Frank,
Hugo Ball und Thomas Mann
Fruthwiler Strasse 2/4**

Der Gasthof »Adler«, das älteste Hotel des Kantons Thurgau, wurde vom Vater des Schweizer Autors Jakob

1916 in Ermatingen: Hugo Ball (li. stehend), René Schickele (oben li.) und Emmy Ball-Hennings (auf der Banklehne sitzend)

Christoph Heer (1859–1925) 1903 erworben. Nach den Romanen *An heiligen Wassern. Roman aus dem schweizerischen Hochgebirge* (1898) und *Der König der Bernina* (1900) ließ sich Heer in Ermatingen als freier Schriftsteller nieder, obwohl der Vater ihm hartnäckig jedwede Anerkennung verweigerte. Noch in seinen postum veröffentlichten Erinnerungen überlieferte Heer den Ausspruch des Vaters: »Freier Schriftsteller! ... was ist das für ein Beruf, Schärmauser [eine niedrige landwirtschaftliche Hilfstätigkeit] wäre grad so gut!« Nicht einmal der wirtschaftliche Erfolg des Sohnes, dessen hochalpin-romantische Naturbeschreibungen sehr beliebt waren, änderte etwas an seiner Haltung. Nur wenn Heer »mit jungen Freundinnen kam«, stieg er im Ansehen des Vaters. 1907 verließ Heer Ermatingen und zog nach Rüschlikon am Zürichsee.

Viele Schriftsteller stiegen im »Adler« ab. Jakob Christoph Heers Vater beeindruckten nur zwei: Alfred Huggenberger, der einen Bauernhof besaß, und Rudolf Herzog wegen dessen Berichten von deutschen Eisen- und Stahlwerken.

Am 31. Oktober 1916 reisten die deutschen Schriftsteller Hugo Ball (1886–1927) und Leonhard Frank (1882–1961) von Zürich an und hielten sich mehrere Wochen in Ermatingen auf. Die beiden Pazifisten waren während des Ersten Weltkriegs in die Schweiz emigriert. Leonhard Frank, der 1914 für seinen Debütroman *Die Räuberbande* den Fontane-Preis erhalten hatte, verließ Deutschland, nachdem er einen Journalisten öffentlich geohrfeigt hatte, der die Versenkung des Passagierdampfers *Lusitania* durch ein deutsches U-Boot im Mai 1915 – dabei kamen 1198 Menschen ums Leben – als Heldentat gefeiert hatte.

Frank hatte bereits im Sommer 1916 in Ermatingen gewohnt, zum einen wegen der im Vergleich zu Zürich niedrigeren Zimmerpreise, zum anderen um eine durch Eheprobleme, politische Verhältnisse und künstlerische Zweifel ausgelöste Nervenkrise zu kurieren. Er nahm Ende November 1916 das Angebot eines Heilfreiplatzes in der Kreuzlinger Klinik Bellevue (vgl. S. 105 ff.) an.

Für seinen pazifistisch ausgerichteten Novellenband *Der Mensch ist gut* von 1917, der während des Ersten

Weltkriegs in Deutschland verboten war, erhielt er 1920 den Kleist-Preis. 1933 floh Frank von München erst in die Schweiz und 1940 in die USA. 1950 kehrte er nach München zurück, wo er 1952 ein drittes Mal heiratete, sein Trauzeuge war der Theaterregisseur Fritz Kortner. 1961 starb er in München.

Hugo Ball war nach Ermatingen gekommen, um die Künstlerkolonie, die sich dort um René Schickele (vgl. S. 117 ff.) gebildet hatte, für sich und seine spätere Frau, die Schriftstellerin und Kabarettistin Emmy Hennings (1885–1948), literarpolitisch zu nutzen.

Hugo Ball war einer der Mitbegründer der Zürcher DADA-Bewegung und des »Cabaret Voltaire« in der Spiegelgasse. Er hatte ein Zimmer in einem zum Gasthof Adler gehörenden Chalet, der Villa Seefeld, gefunden. Seiner Schwester Maria berichtete Ball am 28. November: »Die Mutter wird Dir erzählt haben, wie phantastisch man mich in Ermatingen einquartierte. Diese Gegend dort hat früher Napoleon III. als Sommeraufenthalt eingerichtet. Und überall hat er kleine Schlösser, Chalets und Pavillons, auch eine Anzahl hübscher Kinder, zurückgelassen. In ein solches Chalet führte man uns, als wir nach Ermatingen kamen ... Das Chalet gehörte zu Franks Hotel. Und Frank hatte es für uns (Emmy und mich) einrichten lassen: entzückend sage ich Dir. Mit Korbmöbeln, langen gelben Stores, epheu- und bänderverzierten Körben voll Äpfeln. Ein grosser amerikanischer Dauerbrandofen, Bedienungspersonal: kurz, es war wie ein Märchen. Leider wurden aus unseren schönen Empirezimmern sehr bald Strindbergzimmer. Frank ist unheilbar krank unter den Depressionen dieses unglückseligen Kriegs.«

Hugo Ball reiste nach vier Wochen zurück nach Zürich. 1917–1920 war er Mitarbeiter, dann Verlagsleiter der *Freien Zeitung*, in der er politische Tageskommentare veröffentlichte. Nach dem Konkurs zogen die Balls ins Tessin und wandten sich einem orthodoxen Katholizismus zu. Hugo Ball starb 41-jährig an Magenkrebs; seine Frau überlebte ihn um 21 Jahre. Sie sind auf dem Friedhof Sant'Abbondio der Gemeinde Gentilino beigesetzt.

Thomas Mann (1875–1955), der 1933 in die Schweiz emigriert war, fuhr im August 1935 von Zürich nach Ermatingen. »Zurück zum ›Adler‹«, trug er in sein Tagebuch ein, »reizvollem alten Gasthaus, schon aus dem 15. Jahrhundert stammend, wo wir in einem schönen Barocksaal des Oberstocks zu Siebenen ... solennes und vortreffliches Abendessen mit vorzüglichen Schweizer Weinen und Kaffee hatten.« Der Literaturnobelpreisträger von 1929 las vor dem Diner aus dem Manuskript *Joseph in Ägypten*, dem dritten Teil seiner Romantetralogie *Joseph und seine Brüder*.

Auf der 13/Hauptstraße fahren wir weiter bis Tägerwilen, nehmen am ersten Kreisverkehr die Konstanzerstraße, fahren nach 400 Metern in die links abgehende Gottlieberstraße, die in die Straße Am Schlosspark übergeht.

Wilhelm Muehlon, 1916

Gottlieben

8 Schloss Gottlieben
Haus von Wilhelm Muehlon
Am Schlosspark

Wilhelm Muehlon (1878–1944) hatte 1916 Schloss Gottlieben, das nur vom See einsehbar und nicht öffentlich zugänglich ist, bezogen. Hier lebte er bis 1939. Der spätere politische Publizist war 1911 stellvertretender Direktor, im Juli 1913 schließlich kaufmännischer Direktor der Abteilung für Kriegsmaterial im Essener Krupp-Konzern geworden. Früh ließen ihn seine sozialreformerischen und pazifistischen Neigungen den Waffenhandel ebenso unverhohlen ablehnen wie die militärische Aufrüstung. Im März 1915 verließ Muehlon Krupp und ein Jahr später Deutschland. Seine Ansichten waren nicht mehr mit dem herrschenden Nationalismus vereinbar. 1916 und 1917 engagierte er sich in Friedensgesprächen zwischen der Meinl-Gruppe, eines für Frieden eintretenden Kreises um den österreichischen Kaffeeimporteur und Industriellen Julius Meinl, und den USA. Dafür wurde er von deutschen Politikern und Medien heftig angegriffen, woraufhin er 1918 *Die Verheerung Europas* publizierte. Anhand dieser Tagebuchaufzeichnungen aus den ersten Kriegsmonaten wurden die Aufrüstungsbestrebungen des Deutschen Reichs deutlich. Pazifistische Intellektuelle und Schriftstellerinnen und Schriftsteller wie Annette Kolb, Hermann Hesse, René Schickele und Rainer Maria Rilke beeindruckte Muehlons Buch nachhaltig. Konservativen und Nationalisten galt er seither als Landesverräter. Das Angebot, das ihm im Februar 1919 offeriert wurde, in der Nachfolge des von einem Attentäter erschossenen Sozialisten Kurt Eisner bayerischer Ministerpräsident zu werden, lehnte er ab.

Im September 1939 zog Muehlon, »ein Fremder innerhalb und außerhalb der Landesgrenze«, wie er sich selbst schon 1914 genannt hatte, nach Klosters in Graubünden, im grenznahen Gottlieben fühlte er sich zu exponiert. Denn seine ideologischen

Gegner hatten ihn nicht vergessen – bereits Ende 1933 war Muehlon im *Völkischen Beobachter* als »Schurke, der sein Volk verriet«, diffamiert worden. Die volle Bedeutung seiner publizistischen Tätigkeit wurde von Historikern erst mehr als vier Jahrzehnte nach seinem Tod gewürdigt.

Am Rande des Schlossparks steht die Villa »Rosenau«.

9 Weißes Haus
Heute Villa »Rosenau«
Wohnung von
Emanuel von Bodman
Am Schlosspark

Anfang 1902 besuchte der Schriftsteller Emanuel von Bodman (1874–1946), in Friedrichshafen geboren und in Konstanz zur Schule gegangen, seine mütterliche Freundin Mathilde van Zúylen-Ammann (1842–1914) in Gottlieben. Kurz zuvor hatte er sich scheiden lassen. Er hatte sich aber bereits wieder verliebt, in zwei Frauen: in die intellektuelle Sascha Schwabacher und gleichzeitig in Blanche de Fabrice, deren Familie das Schloss Gottlieben gehörte. In seinem Versdrama *Donatello* (1903) reflektierte er seine Lebenssituation: »Ich suchte, seit ich fühlen mag, die Eine / und musste dieses Herz an zwei verteilen.«

Am 8. August 1902 heiratete er in der Gottlieber Dorfkirche Blanche de Fabrice und zog mit ihr in das Weiße Haus hier im Schlosspark.

Hermann Hesse (vgl. S. 68 f., 71 f.) war damals so häufig zu Besuch, dass die beiden Autoren zwischen 1902 und 1905 keine Briefe wechselten. Andere Gäste waren Ludwig Finckh (vgl. S. 70) und Wilhelm von Scholz (vgl. S. 99 ff.). Ende 1903 lernte Bodman anlässlich der Aufführung seines Theaterstücks *Die heimliche Krone* in München die lebenslustige Grete Jehly (1882–1934) kennen, die wenige Jahre später den Zeichner Olaf Gulbransson heiratete. Jehly besuchte die Bodmans im Sommer 1904 und steckte die schwangere Blanche mit Masern an. Die im November 1904 geborene Tochter Sophie starb nach wenigen Tagen, Blanche fiel in eine schwere Depression und zog sich zur Erholung allein nach Montreux zurück. Das Weiße Haus wollte sie nie wieder sehen. So mietete Bodman Mitte 1905 eine Wohnung in Zürich an.

Der Abschied von Gottlieben fiel Bodman schwer. Er war »auf eine fast mystische Art mit diesem Haus verbunden«, schrieb später seine dritte und letzte Ehefrau Clara, »er hat seinen Verlust nie verwunden, auch in späteren Lebensjahren, da er sich doch in unserem lieben schönen Haus in Gottlieben [s. u.] wohl fühlte, ging er nie ohne ein Gefühl von Heimweh an ihm vorüber.« Im Jahr 1909 trennten sich Blanche und Emanuel von Bodman.

Das Haus ist nicht öffentlich zugänglich.

Vom Schlosspark gehen wir 50 Meter über den Dorfplatz.

Hermann Hesse (li.)
und Emanuel von Bodman
(re., mit Strohhut)
1907 am Ufer des Sees

➓ Bodman-Haus
Wohnhaus von
Emanuel von Bodman
Am Dorfplatz 1

1920 bezog Emanuel von Bodman mit seiner dritten Frau Clara, die ihn um 36 Jahre überlebte, das wuchtige gelbe Haus am Dorfplatz, einst das Junkerhaus der Konstanzer Bischöfe. Hier lebte der Schriftsteller bis zu seinem Tod 1946.

Mit seiner antipsychologischen Haltung und seiner Auffassung des Dramas als idealische Bühnenkunst wirkte Bodman nach 1918 unzeitgemäß. So widmete er sich seither vor allem erzählerischen Arbeiten, in denen er einen Realismus mit lokalen Bezügen pflegte. Dass eine zu seinem 50. Geburtstag geplante Gesamtausgabe unvollendet blieb, empfand er lebenslang als schmerzvollen und symbolischen Ausdruck seiner Situation als randständiger, aus der Zeit gefallener Schriftsteller. Einen ebensolchen Habitus pflegte er auch bei Lesungen vor seinen Zuhörern. »Er las mit magischen Gebärden in einem eindringlichen, sakralen Ton wie eine Gestalt aus einem Zwischenreich«, so ein Zeitzeuge. Seit den frühen 1930er Jahren schrieb Bodman, den Freunde und Kollegen wie Thomas Mann (vgl. S. 89), Hermann Hesse (vgl. S. 68 f., 71 f.), Rainer Maria Rilke (vgl. S. 99 ff.) und der Philosoph und Graphologe Ludwig Klages (1872–1956) hier besuchten, an seiner Autobiographie. Von den mehr sich an Poesie denn an Fakten orientierenden geplanten drei Bänden stellte er aber nur den ersten, Die Mär von Siegmund (1942), fertig. 1940 erhielt er den Literaturpreis der Stadt Zürich.

1961 erschienen die beiden letzten Bände der von Clara von Bodman initiierten zehnbändigen Ausgabe seiner Schriften.

Im selben Jahr schenkte sie das Haus der Thurgauischen Bodman-Stiftung. 2000 wurde es nach längerer Renovierung wiedereröffnet und enthält heute neben einer Handbuchbinderei eine Gedenkstätte sowie das rekonstruierte Arbeitszimmer Emanuel von Bodmans. Eine Gästewohnung ist für Stipendiaten reserviert. Das Bodman-Haus dient auch als Ort für Lesungen und literarische Ausstellungen sowie für Seminare der Universität Konstanz.

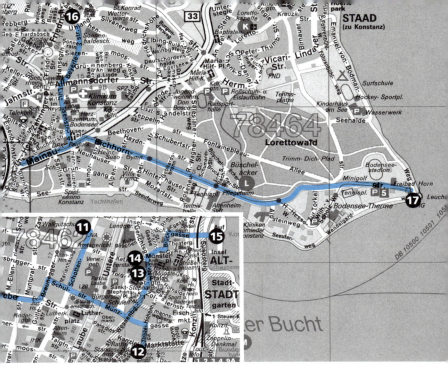

Vom Dorfplatz in Gottlieben fahren wir auf der Gottlieberstraße bis zur Einmündung in die 16/Konstanzerstraße und biegen links in diese ein. Diese fahren wir bis nach Konstanz, wo sie Alter Graben und dann Grenzbachstraße heißt. Wir nehmen die erste Abzweigung links, die Schulthaißstraße, biegen dann in die fünfte Straße rechts, in die Gottlieberstraße, dann in die Brauneggerstraße und gleich rechts in die Schulstraße. Die zweite kreuzende Straße ist die Schottenstraße.

Konstanz

11 Wohnhaus von Johann Martin Schleyer Schottenstraße 37

Seit 1889 verbrachte der katholische Pfarrer Johann Martin Schleyer (1831–1912) hier seinen Ruhestand. Der Erfinder der Kunstsprache Volapük (vgl. S. 64 f.) gilt als Vorreiter der Völkerverständigung. Papst Leo XIII. ehrte ihn 1894 mit der Verleihung des Titels »Päpstlicher Hausprälat«. Sein Konstanzer Wohnhaus bezeichnete Schleyer als »Weltsprache-Zentralbüro«. Von hier verschickte er bis 1908 sein *Weltspracheblatt* sowie von ihm verfasste Lehr- und Wörterbücher, religiöse Lyrik und Lebensweisheiten in viele Länder. Schon kurz nach seinem

Tod am 16. August 1912 spottete der in Meersburg lebende Philosoph, Religionskritiker und Autor der dreibändigen *Beiträge zu einer Kritik der Sprache* Fritz Mauthner über das Volapük: »Sollte sich irgendwo ein Unterrichtsminister finden, revolutionär genug, das unverbesserliche Esperanto oder das verbesserte oder das ältere Volapük in den Volksschulen einzuführen, so proklamiere ich für die gesamte Schuljugend dieses Staates das Recht auf Revolution.«

Schleyers Grab befindet sich auf dem Konstanzer Hauptfriedhof im Ortsteil Petershausen. Es wurde im Frühjahr 2003 restauriert und unter Denkmalschutz gestellt. Im Juni 2001 konstituierte sich ein international zusammengesetztes Komitee, das sich für die Seligsprechung Johann Martin Schleyers einsetzt.

Von der Schottenstraße gehen wir auf Schulstraße und Münzgasse in Richtung See, biegen nach 500 Metern rechts in die Tirolergasse ein und folgen dieser bis zur Ecke Markstätte.

12 Wohnung von Rudolf Adrian Dietrich
Tirolergasse 1

An Pfingsten 1919 entdeckte der expressionistische Schriftsteller Rudolf Adrian Dietrich (1894–1969) Konstanz für sich. Im Frühjahr hatte er seine Heimatstadt Dresden verlassen und wollte nach München oder Ulm. Doch in beiden Städten war der Zuzug Fremder untersagt. So ließ er sich mit seiner schwangeren Frau in Mühlheim nahe Ulm nieder, lebte vom Versand erotischer Bücher und

reiste u. a. nach Konstanz. »Es waren schön verträumte Tage: diese erste Bekanntschaft mit Konstanz zu Pfingsten 1919; und unwillkürlich kam mir der Gedanke, hier in dieser fast mittelalterlich-romantischen Stadt das Wagnis der Gründung eines kleinen Verlages zu unternehmen ...«

Von Sommer bis Dezember 1919 pendelte Dietrich zwischen Mühlheim und Konstanz. Nachdem er als unbezahlter Dramaturg am Stadttheater Konstanz eingestellt worden war, bezog die Familie die Wohnung im dritten Stock des Hauses Tirolergasse 1. Hier gab er im eigenen Verlag die Zeitschrift *Konstanz 1919* heraus. Sie erschien wöchentlich, war überregional ausgerichtet und enthielt Gedichte, Erzählungen, Essays, Rezensionen sowie theater-, kunst- und musikkritische Aufsätze, u. a. von Theodor Däubler, Oskar Maria Graf, Fritz Mauthner (vgl. S. 55 f.) und August Strindberg (vgl. S. 30 f., 38). Zusätzlich gab Dietrich 1920/21 die *Konstanzer Blätter für die Kunst* heraus, graphische Originalwerke, etwa von Emil Nolde, Max Pechstein und Ludwig Meidner.

Dietrich scheiterte an der Nach-

Rudolf Adrian Dietrich in Konstanz, 1920

Oswald von Wolkenstein

kriegsinflation, da sein Verlag vollständig über Kredite finanziert worden war, die er nicht mehr abzahlen konnte. Um sein Unternehmen zu retten, verlegte er erotische Luxusdrucke. Wegen des Verdachts der Verbreitung pornographischer Schriften kam es zu einer Hausdurchsuchung. Es »begann der vollkommene Zusammenbruch ... Ich wußte: Jetzt war alles aus! ... Dazu war halb Konstanz schon gegen mich verschworen ... Träume und Lebenshoffnungen waren zerbrochen. Ich sah nur noch, wie sich jetzt auch von Tag zu Tag das Alltägliche verteuerte, wie die Preise bei Bäcker und Krämer stiegen. Nichts hatte mehr einen festen Grund.« Am 11. Februar 1921 hielt er eine letzte Vorlesung im Stadttheater, dessen Spielplan er nachhaltig beeinflusst hatte. Wenige Tage später zog er mit seiner Familie zurück nach Dresden: »... die Arbeitslosenfürsorge ... zahlte die Reise- und Umzugskosten ... Und dann lassen wir mit unseren beiden Kindern die Mauern von Konstanz hinter uns.«

Seit den 1920er Jahren erweiterte er immer wieder seinen Gedichtband *Der Gotiker*, der 1948 in definitiver Gestalt erschien, so dass ihm schließlich der Beiname »Dietrich der Gotiker« anhing. Der Titel eines 1943 erschienenen 13-seitigen Privatdrucks mit einer Zeichnung Alfred Kubins (*Nemo anonymus*, anonymer Niemand) beschreibt treffend den Bekanntheitsgrad des heute vergessenen expressionistischen Lyrikers. Sein Nachlass befindet sich im Deutschen Literaturarchiv in Marbach am Neckar.

Wir gehen die Tiroler- und Münzgasse zurück bis zur Abzweigung Wessenbergstraße und folgen dieser bis zum Münsterplatz Ecke Katzgasse.

⑬ Haus zur Katz
Heute Teil des Kulturzentrums am Münster Tanzstätte von Oswald von Wolkenstein Wessenbergstraße 39

Der Südtiroler Oswald von Wolkenstein (um 1377–1445) war vieles: polyglotter Weltreisender, Diplomat, militärisch ausgebildeter und rechtserfahrener Ritter. Zudem verfügte er als Mitglied des Tiroler Adelsbundes über wichtige Beziehungen zur schwäbischen Ritterschaft. Vor allem war er aber ein wortgewaltiger Dichter, Sänger und Komponist. Heute gilt er neben Walther von der Vogelweide als bedeutendster Poet des Spätmittelalters.

1415 war Oswald das erste Mal in Konstanz. Seine diplomatische Karriere nahm auf dem Konzil von Konstanz (1414–1418) mit einer Reise nach Frankreich und Spanien ihren Anfang. Im April 1416 wieder zurück am Bodensee, hielt er sich hier vermutlich bis Frühjahr 1417 auf und schrieb in dieser Zeit 30 bis 40 Lieder, ein knappes Drittel seines Gesamtwerks. Dies wohl auch deshalb, weil er, so sein Biograph Dieter Kühn, hier das beste und anregendste Publikum seines Lebens hatte.

An Weihnachten 1430 kam er im Gefolge König Sigismunds ein zweites Mal nach Konstanz. Vermutlich waren der Südtiroler und sein Bruder als Berater an Verhandlungen und an der Lösung des Problems der sogenannten Pfahlbürgerfrage – der für die Ritterschaft wirtschaftlich gefährlichen Landflucht in die Städte – beteiligt. Oswald war glücklich, nach mehr als 13 Jahren wieder in Konstanz zu sein. Die Hafenstadt besang er in den höchsten Tönen: »O wunnikliches paradis, / wie gar zu Costnitz vind ich dich! / für alles, das ich hör, sich, lis, / mit gütem herzen freust du mich.« »Paradies« ist wie so vieles in Oswalds Lyrik ein doppelbödiges Wortspiel, war dies doch auch der Name des städtischen Turnierplatzes (noch heute trägt ein Stadtteil diesen Namen).

Im 1424 erbauten Haus zur Katz fanden zahlreiche Feste und Tanzvergnügungen statt, an denen Oswald teilnahm: »Vil zarter, engelischer weib, / durchleuchtig schön, mit liechtem glanz / besessen haben meinen lib / all inn der Katzen bei dem tanz.«

König Sigismund reiste Ende Januar 1431 unverrichteter Dinge nach Nürnberg weiter. Oswald stand offenbar so hoch in der Gunst des 1433 zum Kaiser gekrönten Regenten, dass dieser ihn im März 1431 in den engeren Kreis des exklusiven Drachenordens aufnahm, der nur aus 24 Personen bestand. Ein Jahr darauf ließ sich der einäugige Oswald stolz mit dem Ordenszeichen, einem an einem Kreuz hängenden Lindwurm, porträtieren. 1432 hielt er sich am königlichen Hof in Piacenza und Parma auf, zog sich danach aber weitgehend aus der Politik zurück. 1445 starb Oswald in Meran und wurde im Kloster Neustift bei Brixen beigesetzt, wo sein Grab erst 1973 wiederentdeckt wurde.

Nur wenige Meter entfernt ist das Wessenberg-Haus.

14 Helmsdorfer Hof
Heute Teil des
Wessenberg-Hauses
Logis von
Joseph von Laßberg
Wessenberggasse 41

Konstanz war für den Altgermanisten, Sammler und Bibliophilen Joseph von Laßberg (1770–1855, vgl. S. 50 ff., 110) wichtig. Er ließ hier viele seiner eigenen Schriften drucken und Faksimiles herstellen. Während seiner Aufenthalte in Konstanz wohnte Laßberg hier im Haus seines engen Freundes Ignaz Heinrich von Wessenberg (1774–1860), bis 1821 Verweser des Bistums Konstanz und ebenfalls ein begeisterter Büchersammler und produktiver Autor (seine Bibliothek befindet sich heute im Besitz der Universität Konstanz). Laßbergs zweiter enger Freund in Konstanz, der Staatsrat Joseph von Ittner, wohnte nicht weit entfernt vom Haus des geselligen Wessenberg. Mit ihnen und weiteren Freunden pflegte Laßberg dort oder im »Museum«, dem neben dem Münster gelegenen öffentlichen Treffpunkt des Konstanzer Adels und des gehobenen Bürgertums, oft feucht-fröhlichen Umgang. Ittner über einen gemeinsamen Ausflug: »Wir besuchten unsere klassische Umgebung und brachten den ganzen Tag auf der Insel Reichenau in Saus und Braus zu ... Wir deklamierten lateinische Verse und sangen bei dem fröhlichen Becher.«

In Konstanz war auch Maria Ferdinand (II.) Mayer (1785–1831) ansässig, der Wirt des Gasthofs Zum Goldenen Adler an der Markstätte. Mayer betätigte sich für Laßberg als Agent, denn im Zuge der Säkularisation gelangten in Konstanz und Umgebung viele ältere Kostbarkeiten aus Privat- und kirchlichem Besitz auf den Markt. Außerdem fungierte Mayer als Posthalter des umfangreichen Briefverkehrs von und nach Laßbergs Schloss Eppishausen in Erlen (vgl. S. 110).

Vom Münsterplatz gehen wir durch die Brücken- zur Inselgasse, die in gerader Richtung auf die Insel führt.

15 Dominikanerkloster
Heute Steigenberger Hotel
Unterkunft von
Heinrich Suso Seuse
Auf der Insel 1

Heinrich Suso Seuse (1295–1366), einer der bedeutendsten deutschen Mystiker des Mittelalters, trat um 1310 in das Dominikanerkloster St. Nikolaus auf der Rheininsel ein. Mit 18 widerfuhr Heinrich ein mystisches Erweckungserlebnis. Dieses führte zu lebenslanger Selbstkasteiung und Geißelung. Ab 1327 war er im Kloster für die geistliche Schulung des Ordensnachwuchses und die geistliche Beratung des Konvents verantwortlich. Er schrieb die Traktate *Buch der Wahrheit und Büchlein der ewigen Weisheit*. Für letzteres musste sich Seuse vor dem Ordensgericht verantworten, denn seine Lehren galten als unorthodox und gefährlich. 1343/44 wurde er zum Prior berufen, zwei Jahre später aber wieder abgesetzt, weil er als zu unpraktisch und zu weltabgewandt galt. Am 25. Januar 1366 starb er in Ulm.

Das Leiden in der Nachfolge Christi ist ein zentrales Motiv von Seuses Schriften. Die deutsche Sprache verdankt ihm das Wort »Gelassenheit«: »Ein gelassener Mensch muss nicht allezeit danach ausschauen, was er bedarf, sondern was er entbehren kann.« Mit den Worten »Merkt auf, denn der Seuse will sausen« soll er seine Predigten eingeleitet haben. 1831 wurde Seuse von Papst Gregor XVI selig gesprochen. Im Kreuzgang mit Ende des 19. Jahrhunderts ausgeführten Fresken findet sich Heinrich Seuses Porträt. Das 1604 gegründete humanistische Gymnasium der Stadt trägt seinen Namen.

Sitzung der Sektion für Dichtkunst der Akademie der Künste in Berlin. Von li. nach re., sitzend: Hermann Stehr, Eduard Stucken, Alfred Mombert, Wilhelm von Scholz, Oskar Loerke, Walter von Molo (Präsident), Ludwig Fulda, Heinrich Mann. Stehend: Bernhard Kellermann, Alfred Döblin, Thomas Mann, Max Halbe

Martin Heidegger, 1915

Nach der Aufhebung des Klosters 1785 diente das Anwesen der Familie Macaire als Stoffdruckerei und als Bankhaus. 1838 wurde hier der Luftfahrtpionier Graf Ferdinand von Zeppelin geboren, seine Mutter war eine geborene Macaire. Seit 1875 als Hotel genutzt, enthält das ehemalige Kirchenschiff, heute der Festsaal, früh- und hochgotische sakrale Wandmalereien aus dem 13. Jahrhundert.

Von der Insel gehen wir auf der Konzilstraße über die Brücke in den Stadtteil Petershausen. Dort wird die Konzilzur Mainaustraße (B 33). Über Luisen- und Beyerlestraße erreichen wir die Uhlandstraße.

16 Konvikt, Studienhaus und Gymnasium »Konradihaus« Logis von Martin Heidegger Uhlandstraße 15

Martin Heidegger (1889–1976) zog 1903 allein von Meßkirch nach Konstanz, besuchte hier drei Jahre lang das Gymnasium und wohnte im Konvikt und Studienhaus St. Konrad. Der Meßkircher Stadtpfarrer Camillo Brandhuber verschaffte dem begabten Sohn seines Mesners ein Stipendium, mit dem er auf Kosten der katholischen Kirche im »Konradihaus« wohnen konnte, wo der Priesternachwuchs erzogen wurde. Die Gymnasiastenschar teilte sich auf in die Konviktler, die zumeist vom Land und aus kleinen Verhältnissen stammten, und in die Söhne des städtischen, liberal gesinnten Groß- und Handelsbürgertums, die auf jene herabsahen.

Im Herbst 1909 wechselte Martin Heidegger nach Freiburg im Breisgau, besuchte das erzbischöfliche Gymnasialkonvikt St. Georg und ging auf das renommierte Bertoldsgymnasium. Hier begann er sich vom Katholizismus abzuwenden. In späteren Jahren besuchte Heidegger, einer der bedeutenden Philosophen des 20. Jahrhunderts, regelmäßig Ehemaligentreffen der Konradihausschüler. 1928 schrieb er seinem einstigen geistlichen Konstanzer Präfekten: »Ich denke gern und dankbar an die Anfänge meines Studiums im Konradihaus zurück und spüre immer deut-

licher, wie stark alle meine Versuche mit dem heimatlichen Boden verwachsen sind.«

Heute ist im »Konradihaus« die Caritas Konstanz untergebracht.

Wir fahren die Beyerle- und Luisenstraße zurück zur Mainaustraße und biegen stadtauswärts in die erste Straße rechts ein, in die Eichhornstraße, und fahren diese bis zum Ende. Dort befindet sich, etwas versteckt, das Schloss Seeheim.

17 Schloss Seeheim
**Wohnhaus von
Wilhelm von Scholz
Logis von
René Maria Rilke
Halbinsel Horn
Eichhornstraße 86**

Konstanz, Schloss Seeheim und der Bodensee waren eine Konstante im Leben des Schriftstellers Wilhelm von Scholz (1874–1969). Sein Vater Dr. Adolf von Scholz (1833–1924) hatte 1880–1882 dem Reichsschatzamt als Staatssekretär vorgestanden. Nach seiner Amtszeit unter Bismarck, wofür er 1883 geadelt worden war, kaufte er 1885 Gut Seeheim mitsamt drei Hektar Land, ließ es zum Schloss mit einem 30 Meter hohen Turm umbauen und lebte hier von 1890 bis zu seinem Tod.

Wilhelm von Scholz machte in Konstanz Abitur, studierte in Berlin, Lausanne, Kiel und München, arbeitete als Autor und als Dramaturg am Hof- bzw. Landestheater in Stuttgart. Nach dem Tod seines Vaters kehrte er an den Bodensee zurück und bewohnte das Schloss mit seinen 20 Zimmern, rund 1000 Quadratmetern Wohnfläche, großer Südterrasse, Kassettendecken, Ornamentschnitzereien und vielen offenen Kaminen bis zu seinem Tod 1969. »Haus Seeheim und das Stück Land am See, das mein Vater zu unserer Heimat gemacht hatte«, so Scholz, rangierte »über allem und ließ mich nirgends fremd und heimatlos fühlen.«

Am 2. März 1897 heiratete Scholz auf Schloss Seeheim Irmgard Waldmüller. Einer der Hochzeitsgäste war der Dichter René Maria Rilke (1875–1926). Er hatte Wilhelm von Scholz ein halbes Jahr zuvor in München kennengelernt. Bald schon gehörte

Glarisegg bis Konstanz

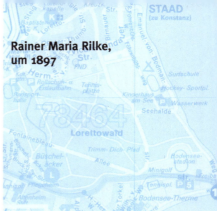

Rainer Maria Rilke, um 1897

Scholz neben dem Komponisten Oskar Fried (1871–1941) und Franziska von Reventlow (1871–1918) zu seinem engsten Freundeskreis. Zur Hochzeit verfasste er ein dem jungen Paar gewidmetes Gedicht, das er selbst vortrug.

Zehn Tage später brach Rilke zu seiner ersten Italienreise auf. Auf der Rückfahrt machte er wieder in Konstanz Station und war am 18. und 19. April 1897 zu Gast auf Schloss Seeheim. Von hier fuhr er an Ostern ins Dorf Kurzrickenbach nahe Kreuzlingen. Dort hatte sich Franziska von Reventlow für drei Wochen auf einem Bauernhof einquartiert. »Die Ostertage kam Rilke zu mir«, trug sie in ihr Tagebuch ein, »und wir gingen zusammen in der Frühlingswelt herum. Es war uns lieb, denn ich hielt es kaum aus vor Heimweh und war so elend.« Am 14. April war ihre Ehe geschieden worden. Die Schwabinger Bohèmienne und Schriftstellerin, die von Gelegenheitsarbeiten lebte, war in Geldnot und überdies schwanger. Ihr Sohn Rolf kam am 1. September 1897 zur Welt. Den Namen des Kindsvaters gab sie nie preis. 1910 verließ Reventlow München und zog in die Schweiz. In Ascona, später in Muralto entstanden Novellen und Romane, so der Schwabinger Schlüsselroman *Herrn Dames Aufzeichnungen oder Begebenheiten aus einem merkwürdigen Stadtteil* (1913). 1918 starb sie nach einer Operation in Locarno.

In der Osternacht 1897 schrieb Rilke ein Gedicht über Konstanz mit dem Titel Vision: »Ich geh durch die greise, nächtige Stadt, / will wissen, was Konstanz für Träume hat. // Ob sich der alte Zauber schon brach? / Lichter erstehen und sterben im Hafen, / Giebelhäuser sinnen verschlafen / wilden, weiten Zeiten nach. / Etwas weht in dem Dämmer des Orts, / etwas wohnt in den dumpfen Gassen / noch von dem alten Pfaffenhassen / eines erlösenden Flammenworts.«

Nach München zurückgekehrt, lernte Rilke dort am 12. Mai 1897 die Schriftstellerin Lou Andreas-Salomé (1861–1937) kennen, eine für sein Leben entscheidende Begegnung. Er verliebte sich in sie und änderte seinen Vornamen in Rainer. Später bereiste er Russland, lebte in Berlin und Worpswede in der Nähe von Bremen, wo er die Malerin Paula Becker kennenlernte und die Bildhauerin Clara

Westhoff heiratete, sowie in Frankreich und Italien. 1918 zog er in die Schweiz und starb 1926 in Val-Mont bei Montreux. Seine Werke, vor allem die *Duineser Elegien* und die *Sonette an Orpheus*, zählen zu den bedeutendsten Dichtungen des 20. Jahrhunderts.

Wilhelm von Scholz war am Bodensee auch kulturpolitisch aktiv. Im November 1926 wurde er zum ersten Präsidenten der Preußischen Akademie für Dichtung gewählt, trat aber bereits 1928 zurück. Nach 1933 stellte sich Scholz, literarisch ein Vertreter einer Neoklassik mit sich verstärkendem nationalistischem Einschlag, propagandistisch in den Dienst des NS-Regimes. Nach 1945 überschattete dieses Engagement seine Reputation. Persönliche Uneinsichtigkeit und die Vorliebe für zeitlich entfernte Stoffe der Regionalgeschichte wie für Mystisches und Okkultes bewirkten, dass sein Werk heute weitgehend vergessen ist. Die Verleihung eines 1959 gestifteten, nach ihm benannten Preises an Konstanzer Oberschüler wurde 1989 eingestellt.

Das 1996 sanierte Schloss wurde einige Jahre als Akademie genutzt. Es ist nicht öffentlich zugänglich.

Wenn wir hier die V. Tour anschließen möchten, nehmen wir die B 33 Richtung Schweiz und setzen unsere Route in Kreuzlingen fort.

Ferdinand Hardekopf (li.) mit
René Schickele (re.) und
unbekanntem Dritten
am thurgauischen Seeufer

V. Spaziergänge von Kreuzlingen bis Romanshorn

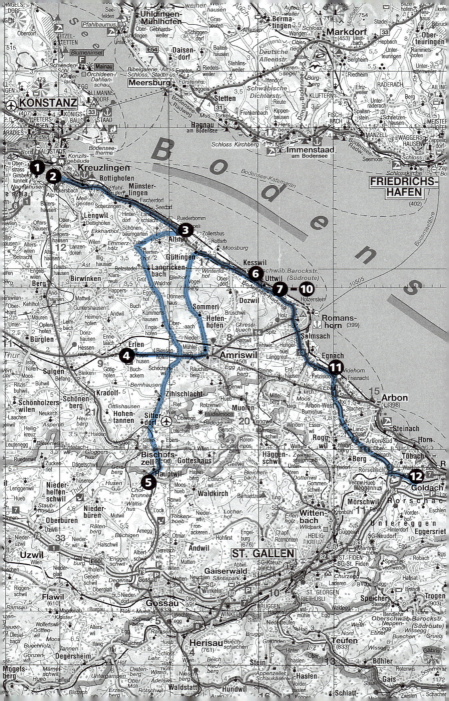

Die Tour V durch das Thurgau beginnt in Kreuzlingen am einstigen Standort der Klinik Bellevue. Sie führt leicht landeinwärts, nach Eppishausen und Hauptwil, bis wir dann dem Seeufer über Kesswil und Uttwil bis nach Romanshorn folgen.

Kreuzlingen

❶ Klinik Bellevue
Privatsanatorium
Ludwig Binswangers
Areal zwischen Haupt-, Zoll- und Freiestraße

Der Psychiater Ludwig Binswanger (1881–1966) übernahm 1910, nach dem frühen Tod seines Vaters, die auf Nerven- und Gemütserkrankungen spezialisierte Klinik Bellevue. Ludwigs Großvater hatte sie 1857 gegründet. Sein jüngerer Bruder Otto übernahm die wirtschaftliche Leitung, so dass sich Ludwig Binswanger auf die medizinische Betreuung der Patienten und seine wissenschaftliche Forschung konzentrieren konnte. 1956 übergab Ludwig Binswanger die Direktion seinem Sohn Wolfgang.

Auf dem weitläufigen parkähnlichen Grund standen acht Einzelbauten. In einem davon wohnte Binswanger mit seiner Familie. Er war Assistent bei seinem Onkel Otto in Jena und an der berühmten psychiatrischen Einrichtung Burghölzli in Zürich gewesen, wo er Carl Gustav Jung (vgl. S. 108, 114 f.) kennenlernte und über diesen den Wiener Psychoanalytiker Sigmund Freud (vgl. S. 107 f.). In der von ihm entwickelten Daseinsanalyse, einer Synthese aus Freud'scher Psychoanalyse und der Existenzphilosophie Martin Heideggers, wandte Binswanger, der als erster an einer Schweizer Privatklinik die Psychoanalyse einsetzte, eine sanfte Behandlung an. »Wir müssen also die Kranken anhören«, beschrieb er seinen Therapieansatz, »ihnen durch zweckentsprechende Zwischenfragen die Arbeit bei der Schilderung und Gruppierung der Symptome erleichtern.«

Das Gros der aus ganz Europa in das Binswanger'sche Sanatorium strömenden Patienten entstammte dem Groß- und Wirtschaftsbürgertum. Dazu zählte auch Bertha Pappenheim, die Sigmund Freuds väterlicher Freund Professor Josef Breuer nach Kreuzlingen überwiesen hatte. 1882 wurde sie von Ludwig Binswangers Vater behandelt. Unter dem Namen »Anna O.« ging sie in Josef Breuers und Sigmund Freuds *Studien über Hysterie* (1895) als erste Patientin in die Geschichte der Psychoanalyse ein, bei der es angeblich gelang, die Hysterie »vollständig zu durchleuchten« und die Symptome verschwinden zu lassen. Für Freud war sie »die eigentliche Begründerin des psychoanalytischen Verfahrens«.

Die Klinik im Bellevue, »jene Anstalt am Bodensee, in der verwöhnte Irrsinnige aus reichen Häusern behutsam und kostspielig behandelt wurden und die Irrenwärter zärtlich waren wie Hebammen«, wie Joseph Roth in seinem Roman *Radetzkymarsch* spottete, war exklusiv und die Behandlung kostspielig. Daneben hielt Ludwig Binswanger aber auch kostenlose Heilplätze für Künstler frei. Denn er war musisch interessiert, hoch gebildet und korrespondierte mit vielen Intellektuellen, so mit Karl Jaspers, Edmund Husserl, Max

Klinik Bellevue in Kreuzlingen, Hauptgebäude. Postkarte aus den 1920er Jahren

Scheler, Martin Buber und dem Zürcher Germanistikprofessor Emil Staiger. Zu den Künstlern, die Binswangers Therapieangebot gerne annahmen, gehörten u. a. der Maler Ernst Ludwig Kirchner (1880–1938), der sich hier von September 1917 bis Juli 1918 wegen Bewusstseinsstörungen behandeln ließ und Ärzte, Pfleger und Patienten porträtierte, die Schriftsteller Leonhard Frank (vgl. S. 87 ff.), Ferdinand Hardekopf (vgl. S. 84 f.) und Otto Flake (1880–1963), der Schauspieler und Regisseur Gustaf Gründgens (vgl. S. 45 f.) und der Architekt Henry van de Velde (vgl. S. 115 f.). Ende 1919 wurde der russische Tänzer Waclaw Nijinsky (1889–1950) eingeliefert. 1938 hielt sich hier auch die Schweizer Autorin und Weltreisende Annemarie Schwarzenbach (1908–1942) zur Behandlung auf.

Mitte April 1921 wurde der Kunsthistoriker Aby Warburg (1866–1929) in Kreuzlingen Binswangers Patient. Der Hamburger Bankierssohn litt unter der Zwangsvorstellung, man wolle ihn vergiften oder hinrichten. Zwei Jahre später hielt er im Sanatorium vor Ärzten und Patienten seinen berühmten Vortrag über das Schlangenritual der Hopi-Indianer, laut Binswanger »eine dynamische Leistung«, nach Warburgs eigener Einschätzung die »direkte Fortsetzung und Weiterbildung seiner in gesunden Tagen begonnenen Forschertätigkeit«. Im August 1924 wurde er »zur Normalität beurlaubt«. Warburg war der Begründer der Kulturwissenschaftlichen Bibliothek in Hamburg, die noch heute seinen Namen trägt. Er etablierte die Ikonologie, die Deutung der symbolischen Formen eines Kunstwerks, als eigenständige Disziplin der Kunstgeschichte.

Im Roman *Symphonie für Jazz* (1929) setzte René Schickele (vgl. S. 117 ff.), ebenfalls ein Bellevue-Patient, Ludwig Binswanger ein literarisches Denkmal. Der Dichter Rudolf Alexander Schröder (1878–1962), der das Sanatorium als Patient betreten hatte und

Sigmund Freud (li.) und C. G. Jung (re.) beim Kongress für Psychoanalyse, Weimar, 1911

es als Freund des Psychiaters verließ und der auch als Innenarchitekt für die Klinik tätig war, verfasste zum 75-jährigen Bestehen der Klinik 1932 ein Huldigungsgedicht, das mit den Worten endet: »Mögst du noch manchem wiedergeben, / ›Belle-Vue‹, den schönen Blick ins schöne Leben!«

1980 stellte das Sanatorium seinen Betrieb ein. Anfang der 1990er Jahre wurden fast alle Sanatoriumsgebäude mit Ausnahme des Stammhauses, Hauptstraße 14–16, abgerissen, und das Areal wurde überbaut.

Auf der Hauptstraße nehmen wir in Richtung Süden die Abzweigung Sonnenstraße, an deren Ende (Kreisverkehr) die Bergstraße und biegen nach der ersten Kurve in die Stählistraße ein, die zur Schmittenstraße und schließlich zur Bruneggstraße wird. Hier ist das Schloss Brunegg bereits ausgeschildert.

❷ Schloss Brunegg Gästehaus der Familie Binswanger Logis von Sigmund Freud Bruneggstraße

Im Frühjahr 1874 hatte die Familie Binswanger das Schloss Unterer Girsberg in Emmishofen gekauft und nutzte es, nach der Umbenennung in Schloss Brunegg, als Gästehaus.

Hier wohnte der Wiener Psychoanalytiker Sigmund Freud (1856–1938) bei seinem Besuch am Pfingstwochenende 1912. Die Beziehung zwischen Freud und der Familie Binswanger reichte mehr als 20 Jahre zurück.

»Freud fühlte sich rasch bei uns zu Hause«, so Ludwig Binswanger, der sich damals von einer Operation erholte. »Wir machten Spaziergänge an der Konstanzer Bucht, eine Autofahrt an den Untersee, der ihn besonders entzückte, nahmen die Mahlzeiten gewöhnlich im engsten Familienkreise ein … Einmal frug ich ihn, wie er zu seinen Patienten stünde. Antwort: ›Den Hals umdrehen könnte ich ihnen allen.‹« Freud bekannte gegenüber seinem Schüler Sándor Ferenczi,

Kreuzlingen bis Romanshorn

dass die Binswangers ihn »wie den lieben Herrgott« empfangen hätten, und er schwärmte ihm von der Schönheit der Landschaft vor. Binswanger erwiderte den Besuch ein Jahr später.

Freuds Aufenthalt in Kreuzlingen hatte allerdings auch eine negative Folge – er belastete die Beziehung zum Schweizer Analytiker Carl Gustav Jung. Freuds »Kronprinz« fühlte sich brüskiert, dass der Wiener keinen Abstecher zu ihm nach Zürich gemacht hatte. Dies war ein erster Riss in der persönlichen und wissenschaftlichen Beziehung, die 1914 zerbrach.

In den 1920er Jahren entwickelten sich Binswangers wissenschaftliche Ansichten in eine Freud nur wenig genehme, weil eher philosophische Richtung. Die Freundschaft blieb trotzdem intakt. Auf der Feier anlässlich von Sigmund Freuds 80. Geburtstag 1936 hielt Binswanger die akademische Festrede, außer ihm sprach nur Thomas Mann.

Heute befindet sich im Schloss ein Restaurant.

Wir fahren zurück zur Hauptstraße und auf der 13 in Richtung Osten. Ab dem Ortsende heißt sie Seestraße. Nach 8 Kilometern biegen wir links in die Bahnhofstraße ein und folgen dann der Hafenstraße bis ans Ende.

**Altnau
Ortsteil Ruderbaum**

**❸ Gasthaus Zur Krone
Früher Gasthaus Krone
Logis von
Golo Mann
Hafenstraße 368**

Der Historiker Golo, eigentlich Gottfried Angelus, Mann (1909–1994), das dritte Kind Thomas und Katia Manns, hatte den Bodensee als Jugendlicher entdeckt: 1923–1927 war er Schüler des Internats Schloss Salem.

Im Sommer 1949 kam er erstmals wieder an den See, und, so Golo Mann, »der Ort der Begegnung gewann Bedeutung für mich: der Gasthof ›Zur Krone‹ in Altnau ... Im Parterre gab es eine Wirtschaft, im ersten Stock hatte die Familie des Besitzers sich eine Wohnung eingerichtet, im zweiten standen ein paar kleine, durch einen Vorplatz verbundene Zimmer nahen Freunden der Pfisters zur Verfügung, dem Buchhändler Emil Oprecht (Europa Verlag) und seiner Frau, Emmi. Dank meiner Freundin Emmi wurden sie zu meinem Asyl, meinem Arbeits- und Ruhesitz, so-

Golo Mann beim Signieren

lange ich zwischen Amerika und Europa hin- und herpendelte und während der fünf Jahre, in denen ich in Münster und in Stuttgart Professor war, und danach auch ...«

Seit 1942 lehrte Golo Mann an amerikanischen Universitäten Geschichte; seit Anfang der 1950er Jahre verbrachte er die Semesterferien in Europa. 1953 fragte die Büchergilde Gutenberg bei Golo Mann an, ob er die zwischen 1937 und 1949 erschienene dreibändige *Deutsche Geschichte* Ricarda Huchs, die mit dem Untergang des Römischen Reichs Deutscher Nation 1806 endete, um einen Band über das 19. und 20. Jahrhundert ergänzen wolle. Der offerierte Vorschuss betrug 6000 Mark. Mann nahm an, eigener Aussage zufolge aber ohne rechte Überzeugung, die große Aufgabe zu einem befriedigenden Ende führen zu können. In den Sommermonaten der Jahre 1956 und 1957 quartierte er sich in der »Krone« ein und brachte dort den Großteil der zweibändigen, mehr als tausend Seiten zählenden *Deutschen Geschichte des neunzehnten und zwanzigsten Jahrhunderts* zu Papier. Darin brach er mit dem traditionellen Tabu der Historiker, die mit der Begründung mangelnder Distanz der Zeitgeschichte auswichen, und berücksichtigte jüngste Entwicklungen.

Endgültig aus dem Exil kehrte er 1958 zurück, war erst Gastprofessor in Münster in Westfalen und wurde dann auf eine Professur für Politikwissenschaften an der Universität Stuttgart berufen. 1965 gab er die Professur auf, zog nach Zürich und arbeitete bis zu seinem Tod als freier Publizist und Buchautor. 1987 wurde er mit dem Bodensee-Literaturpreis ausgezeichnet. Er ist in Zürich auf demselben Friedhof begraben, auf dem auch seine Eltern und seine Schwestern Erika und Elisabeth ruhen, auf eigenen Wunsch allerdings in einer separaten Grabstelle.

Wir fahren zurück, überqueren die 13, folgen der Bahnhofstraße nach Altnau, die erst Kirch-, dann Herrenhoferstraße und schließlich Altnauer Straße heißt. Wir biegen links in die Hauptstraße und folgen ihr über Langrickenbach, Waldhof und Schrofen bis Mühlebach. Dort biegen wir links in die Weinfelderstraße (14) ein. Nach 2,5 Kilometern fahren wir links in die Schlossstraße.

Erlen

4 Schloss Eppishausen
**Wohnsitz von
Joseph Freiherr von Laßberg
Schlossstraße 6**

**Hauptwil (Schweiz).
Nach einer Zeichnung
von Johann Jakob
Aschmann, 1791**

1812 erwarb Joseph Freiherr von Laßberg (1770–1855) vom Kloster Muri das Schloss Eppishausen. Von 1817, nach seiner Pensionierung als Fürstlich Fürstenbergischer Oberforstmeister, bis zu seinem Umzug nach Meersburg 1838 (vgl. S. 50 ff.) lebte er hier. Dem Schloss gab Laßberg die heutige Gestalt mit der breiten, talseitigen Biedermeierfassade. Wichtig für »Meister Sepp von Eppishausen«, wie er sich selbst nannte, war, dass er hier ungestört seinen Interessen nachgehen konnte: dem Sammeln und Tauschen kostbarer Bücher, dem Erforschen altdeutscher Manuskripte und der Korrespondenz mit Gelehrten. Er galt als »gefürchteter Kenner seltener Bücher«, so sein Gast Carl Joseph Greith. Auf Eppishausen spürte Laßberg den genius loci mittelalterlicher Dichter und Minnesänger. Viele Besucher zogen er und seine umfangreiche Bibliothek an. Einer seiner Gäste erinnerte sich: »Auf seinem Schloß zu Eppishausen trug Alles in der häuslichen Einrichtung den Stempel der Formen des deutschen Ritterwesens im Mittelalter: die gemalten Glasscheiben mit den alten Wappen und Bildern; die Tafelrunde in der Mitte des Zimmers mit dem antiken Tintengefäß und alten Büchern und Werkzeugen überdeckt ...«

1834 heiratete Laßberg zum zweiten Mal, die 25 Jahre jüngere Maria Anna, genannt Jenny, von Droste-Hülshoff (1795–1859), die Schwester der Dichterin Annette von Droste-Hülshoff (vgl. S. 50 ff.). Die Lyrikerin hielt sich erstmals im Herbst/Winter 1835 auf Schloss Eppishausen auf. Ihr Einstandsgeschenk für ihren Schwager waren sechs Liederbücher aus dem 16. Jahrhundert, die sie seit 1825 für Singstimme und Klavier bearbeitet hatte. Die Droste versuchte auch, die Mensuralnotierung des um 1460 entstandenen *Lochamer Liederbuchs* in Lieder für Singstimme und Klavier umzusetzen. Das war Laßberg so wichtig, dass er hierfür extra ein Piano mieten und liefern ließ. Laßberg stand zudem mit dem Tübinger Dichter, Germanisten und Historiker Ludwig Uhland (1787–1862) in freundschaftlichem Austausch, was sich auch in den Arbeiten der Droste niederschlug. Zusehends wandte sie sich von der exotischen Ballade ab und historischen und regionalhistorischen Themen zu.

Heute ist auf Schloss Eppishausen ein Alters- und Pflegeheim untergebracht. Neben dem Eingang erinnert eine Gedenktafel mit Marmorbücherrücken an Laßberg.

Auf der Weinfelderstraße (14) fahren wir zurück nach Mühlebach, nehmen am Kreisverkehr rechts die Schocherswiler Straße, fahren auf ihr über Schocherswil – ab hier heißt sie Hauptstraße –, Zihlschlacht-Sitterdorf bis Bischofszell. Dort biegen wir links in die Steigstraße. Diese bogenförmige Straße, ortsaußerhalb wieder Hauptstraße genannt, führt nach Hauptwil hinein.

Hauptwil

5 »Kaufhaus« der Familie Gonzenbach
Logis von
Friedrich Hölderlin
Erinnerungsort für
Robert Walser und
Martin Heidegger
Hauptstraße 28

Am 15. Januar 1801 trat Friedrich Hölderlin (1770–1843), einer der bedeutendsten Lyriker der deutschen Literatur, in Hauptwil eine Stelle als Hofmeister an. Er sollte die Kinder der Industriellenfamilie Gonzenbach unterrichten.

Hölderlin war 1796–1799 Hofmeister in Diensten des Frankfurter Kaufmanns Jakob Gontard und dessen Frau Susette gewesen, die als Diotima seine Muse und die Liebe seines Lebens wurde. Das Angebot Emanuel Gonzenbachs als Hauslehrer nahm er im Dezember 1800 erst zögernd, dann freudig an. Er sehne sich, so schrieb er seiner Schwester, nach einem Ort, »wo alles was mich angeht, mich weniger nah und eben deswegen weniger erschütternd bewegt«. Der Aufenthalt schien ihm, da er immer noch unter der Trennung von Susette Gontard litt, gut zu tun. Dies sei »seit drei Jahren der erste Frühling, den ich mit freier Seele und frischen Sinnen genieße«.

Die Familie Gonzenbach prägte den Ort Hauptwil durch das »Schlössli«, ihre Textilmanufaktur, dazugehörige Arbeitshäuser und das bis 1783 als Warenmagazin genutzte »Kaufhaus«, das Wohnhaus der Familie, in dem Hölderlin untergebracht war und unterrichtete.

Schon kurze Zeit nach seiner Ankunft vollzog sich bei Hölderlin ein

**Friedrich Hölderlin.
Pastell von
Franz K. Hiemer,
1792**

spürbarer Umschwung. »Überhaupt ists seit ein paar Wochen ein wenig bunt in meinem Kopfe«, schrieb er an seinen Freund Georg Friedrich Landauer. »O! Du weist es, Du siehest mir in die Seele, wenn ich Dir sage, daß es mich oft um so mächtiger wieder überfällt, je länger ichs mir verschwiegen habe, diß, daß ich ein Herz habe in mir, und doch nicht sehe wozu? mich niemand mittheilen, hier vollends niemand mich äußern kann. Sage mir, ists Segen oder Fluch, diß Einsamseyn, zu dem ich durch meine Natur bestimmt und je zweckmäßiger ich in jener Rüksicht, um mich selbst herauszufinden, die Lage zu wählen glaube, nur immer unwiderstehlicher zurückgedrängt bin!«

Nach knapp drei Monaten, am 11. April 1801, teilte ihm sein Dienstherr die Kündigung mit. Wohl unmittelbar danach verließ Hölderlin Hauptwil und kehrte nach Württemberg zurück. Es entstanden die großen Gedichte *Heimkunft. An die Verwandten* und *Unter den Alpen gesungen*. 1806 wurde Friedrich Hölderlin für geistesgestört erklärt und kam 1807 in die Pflege der Tübinger Handwerkerfamilie Zimmer. 36 Jahre lang lebte er dort in einem Turmzimmer am Neckar, dem heutigen Hölderlinturm. 1943 brachte die Gemeinde Hauptwil am Schlössli, Kapellenweg 4, eine Gedenktafel an.

1944 war der Schweizer Schriftsteller Robert Walser (1878–1956) auf den Spuren Friedrich Hölderlins in Hauptwil unterwegs. Mit der Frage »Wollen wir heute Hölderlin unsere Reverenz erweisen?« hatte der seit 1933 in der Heilanstalt Herisau im Kanton Appenzell-Außerrhoden lebende Walser am Morgen des 2. Januar 1944 seinen Freund, den Autor und Mäzen Dr. Carl Seelig (1894–1962) empfangen. Seelig amtierte seit dem Vortag als Walsers Vormund. Von Herisau wanderten sie die rund 15 Kilometer nach Hauptwil, wo sie am späten Vormittag eintrafen. Walser hatte sich laut Seelig »verwegen« gekleidet – gelblich karierter Anzug, enzianblaues Hemd und rotgestreifte Krawatte – und die Hosen hochgekrempelt. Sie machten Station im Gasthof Zum Leuen, heute Hotel Löwen (Hauptstraße 29) und nahmen Kaffee und Tilsiterkäse zu sich, besichtigten anschließend das »Schlössli« (Kapellenweg 4) und dessen Innen-

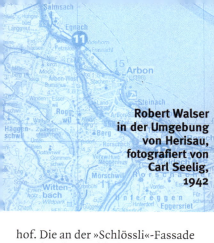

Robert Walser in der Umgebung von Herisau, fotografiert von Carl Seelig, 1942

hof. Die an der »Schlössli«-Fassade angebrachte Hölderlin-Gedenktafel weigerte sich Walser in Augenschein zu nehmen. Sie erschien ihm pietätlos. Der Rückweg führte über Bischofszell und Gossau zurück nach Herisau.

Der dem Wahnsinn verfallene Hölderlin diente Robert Walser, seit seiner Einlieferung in Herisau literarisch verstummt, als Folie eigener Legendenbildung. Er hatte schon 1916 einen kleinen Text über ihn verfasst. Zehn Jahre später, in *Geburtstagsprosastück*, schrieb Walser, der nie von seiner Literatur leben konnte, häufig wechselnde, subalterne Anstellungen als Schreiber, Kommis, Sekretär oder Hilfsbibliothekar annehmen musste und nach einer Nervenkrise 1929 in eine Anstalt eingeliefert worden war: »Hölderlin hielt es für angezeigt, d. h. für taktvoll, im vierzigsten Lebensjahr seinen gesunden Menschenverstand einzubüßen, wodurch er zahlreichen Leuten Anlaß gab, ihn aufs unterhaltendste, angenehmste zu beklagen.«

16 Jahre nach Walser, am 9. April 1960, besuchte der Philosoph Martin Heidegger (1889–1976, vgl. S. 98 f.) Hauptwil. Ihn begleitete der Lehrer, Autor und Kulturvermittler Dino Larese (1914–2001) aus dem thurgauischen Amriswil.

Am frühen Abend, nach dem Besuch einer Ausstellung des italienischen Bildhauers Giacomo Manzù in St. Gallen, waren sie vom Wasserschloss Hagenwil, wo nach der Vernissage gefeiert wurde, nach Hauptwil gefahren. Heidegger wollte hier die Spuren Friedrich Hölderlins in Augenschein nehmen. Der Dichter war für Heidegger seit den frühen 1930er Jahren ein intellektueller Bezugspunkt. Seine erste Vorlesung über ihn hatte der Existenzphilosoph im Wintersemester 1933/34 gehalten. Heideggers Hölderlin-Deutungen sind von einer ausgeprägten geographischen Verbundenheit gekennzeichnet, die er als »Schickung« empfand, hatte doch Hölderlin in seinem um 1803 entstandenen, unvollendeten Hymnus *Der Ister* die obere Donau

Kreuzlingen bis Romanshorn | 113

besungen, wo damals Heideggers Großvater geboren wurde.

Ihr Spaziergang in Hauptwil führte Heidegger und Larese zuerst zum Friedhof an der Hauptstraße, wo Heidegger die Grabplatten dreier zwischen 1789 und 1796 geborener Gonzenbachs in Augenschein nahm und darüber spekulierte, ob sie einst von Hölderlin unterrichtet worden waren. Von dort gingen sie zum »Kaufhaus«, betraten dessen Garten, danach von dort die Hauptstraße zurück und an der der Kirche gegenüberliegenden ersten Abzweigung rechts zum »Schlössli«, wo sie die Gedenkplatte studierten. Dann fuhren sie zurück nach Hagenwil und schlossen sich der Festgesellschaft um Manzù und Otto Dix (vgl. S. 74 f.) wieder an.

Über Bischofszell und Zihlschlacht-Sitterdorf fahren wir zurück nach Mühlebach, von dort auf der 14 nach Amriswil. Im Zentrum biegen wir links in die Kirchstraße und fahren über Rüti- und Sommeristraße durch Nieder- und Obersommeri nach Güttingen. Dort folgen wir der 13 (Haupt-, später Güttingerstraße) nach rechts und erreichen nach 2,5 Kilometern die Ortsmitte von Kesswil.

C. G. Jung im Alter von sechs Jahren, 1881

Julie und Jakobus Weidenmann

Kesswil

❻ Evangelisches Pfarrhaus
Geburtshaus von Carl Gustav Jung
Wohnung von Julie und Jakobus Weidenmann
Dozwiler Straße 3

Im Kesswiler Pfarrhaus wurde am 26. Juli 1875 Carl Gustav Jung, der Begründer der Analytischen Psychologie, als Sohn des evangelisch-reformierten Pfarrers Johann Paul Achilles Jung und seiner Frau Emilie geboren. Drei Monate nach seiner Geburt zog die Familie Jung nach Laufen am Rheinfall. Heute erinnert eine Gedenktafel am Pfarrhaus an C. G. Jung.

1918 wurde der Pfarrer Jakobus Weidenmann (1886–1964) nach Kesswil berufen. Er sympathisierte mit einem religiös gefärbten Sozialismus, publizierte viele tagespolitische Zeitungsartikel, in denen sein Wille zu gesellschaftlichen Veränderungen mit der herrschenden konservativen Haltung kollidierte, veröffentlichte auch mehrere Bücher, so *Pestalozzis soziale Botschaft* (1927), *Fürchte Dich nicht! Der Mensch und der Tod* (1944) und *Konfessionalismus als Todsünde wider den*

Heiligen Geist (1958). So wie seine Frau, die Lehrerin und Lyrikerin Julie Boesch (1882–1942) engagierte er sich auch sozial.

Sie lebten insgesamt zehn Jahre in Kesswil. Das Pfarrhaus war »vom Frühjahr bis in den späten Herbst hinein Herberge, Arbeitsstätte und Tummelplatz für alle möglichen Dichter, Musiker und Maler«, so Jakobus Weidenmann. Julie, die sich scherzhaft »Weidenfrau« nennen ließ, fühlte sich in der Landschaft des Sees geborgen. Ihre Lyrik spiegelte ein Versinken, ein fast mystisches Einswerden mit der Natur. Ein Schriftstellerkollege nannte sie »der Droste und dem Dominikaner-Mystiker Suso von Konstanz geistig-geschwisterlich verwandt«. Befreundet waren sie mit Hedwig und Fritz Mauthner (vgl. S. 55 f.), bei dessen Beerdigung Jakobus Weidenmann eine Rede hielt. 1928 wurde Jakobus Weidenmann an die Linsebühl-Kirche in St. Gallen versetzt. Der Abschied fiel ihnen beiden schwer.

Auf der 13 fahren wir 3 Kilometer nach Uttwil, biegen dort links in die Seestraße ein und fahren diese 300 Meter weit.

Uttwil

**❼ Haus am See
Schloss Uttwil
Wohnhaus von
Henry van de Velde
Am Landungssteg 1**

1917 gelang es dem belgischen Architekten und Designer Henry van de Velde (1863–1957), von Weimar in die Schweiz auszureisen und so der Ableistung des obligatorischen Zivilhilfsdiensts für das im Krieg befindliche Deutschland zu entgehen. Dank des Berner Kunsthändlers Paul Cassirer konnte van de Velde seine Kunstsammlung in die Schweiz transferieren und verkaufen. Ende August 1917 besuchte er den Maler Ernst Ludwig Kirchner in Davos, um ihm von seinem Plan zu erzählen, eine neue Kunstgewerbeschule zu gründen. Er fand Kirchner krank und an Wahnvorstellungen leidend vor und verschaffte ihm einen Behandlungsplatz in

Ludwig Binswangers Sanatorium Bellevue in Kreuzlingen (vgl. S. 105 ff.). »Bei meinen Ausflügen am schweizerischen Ufer des Bodensees, die ich zur Zeit der Übersiedlung Kirchners ins Sanatorium Bellevue zu Dr. Binswanger machte, entdeckte ich das Dorf Uttwil und ein dort gelegenes, altes, unbewohntes Patrizierhaus in einem herrlich verwilderten Garten, dessen hohe, mächtige Mauer, die vom Garten aus gesehen nur fünfzig Zentimeter hoch war, unmittelbar an den See grenzte ... Das Ganze war ein Traum, wie geschaffen für einen poetisch empfindenden Künstler, der für seine Familie mit fünf Kindern ein Obdach sucht!«

1918 kaufte er das Haus am See, auch »Schloss« oder »Schlössli« genannt, und holte seine Familie in die Schweiz. Van de Velde gelang es, befreundete Künstler, Schriftstellerinnen und Schriftsteller wie René Schickele, Annette Kolb, Carl Sternheim, den Komponisten Oskar Fried und zahlreiche weitere Besucher nach Uttwil zu locken und eine Künstlerkolonie zu etablieren.

Im Juni 1919 fuhr van de Velde nach Weimar, um den Erlös aus dem Verkauf seines dortigen Hauses in die Schweiz zu transferieren. Dies war aber juristisch nicht möglich – die thüringische Landesregierung hatte einen Erlass verabschiedet, durch den Überweisungen ins Ausland untersagt waren –, so dass die Finanzierung der geplanten künstlerischen Werkstätten in Uttwil platzte. Wenig später nahm er das Angebot als Hausarchitekt des Sammlerpaars Kröller im niederländischen Otterlo an, verkaufte das Haus am See und verließ noch 1919 Uttwil. 1926 wurde van de Velde Professor für Architektur in Gent. 1947 zog er zurück in die Schweiz, nach Oberägeri im Kanton Zug. 1957 starb er in Zürich.

Von 1947 bis zu seinem Tod bewohnte der Basler Autor und Historiker Emanuel Stickelberger (1884–1962) das Schloss Uttwil, das er 1933 gekauft hatte. Das Haus ist heute in Privatbesitz und nicht öffentlich zugänglich.

Wir gehen 30 Meter weiter die Seestraße entlang.

Luftaufnahme von Uttwil.
Links das »Schlössli« Henry
van de Veldes,
in der Mitte oben
das Haus »Margrit«

Ernst Ludwig Kirchner,
Kopf van de Velde, hell, 1917

René Schickele im Garten
seines Hauses »Margrit«
in Uttwil, um 1920

8 Haus »Margrit«
**Wohnhaus von
René Schickele,
Carl und Thea Sternheim
Seestraße 30**

Angelockt durch Henry van de Velde und dessen Idee, hier eine Künstlerkolonie zu gründen, zog im März 1919 René Schickele (1883–1940), Schriftsteller und Herausgeber der pazifistischen Zeitschrift *Die Weißen Blätter*, mit seiner Frau Anna und seinen zwei Söhnen nach Uttwil. Der gebürtige Elsässer, »citoyen français und deutscher Schriftsteller«, kaufte das noch heute patrizisch anmutende Haus »Margrit«. Doch schon Ende 1919 musste er ausziehen. Der Kurs der Deutschen Mark hatte sich gegenüber dem Schweizer Franken so verschlechtert, dass er weder laufende Kosten tragen noch anfallende Steuern begleichen konnte.

Von Februar 1920 bis Herbst 1922 vermietete Schickele das Haus an den Dramatiker Carl Sternheim (1878–1942) und seine Frau Thea (1883–1971), eine reiche Fabrikantenerbin aus dem Rheinland.

»Ziehen Sie an den Bodensee, zu uns nach Ut[t]wil! Da hat van de Velde sein Haus, ich, da gründen wir gemeinsam einen Verlag und kümmern uns um keinen Teufel!«, hatte Thea Sternheim am 2. April 1919 den frisch gebackenen Hausbesitzer Schickele in ihrem Tagebuch zitiert. Und er konnte sie tatsächlich für Uttwil gewinnen. Das Paar ergänzte das vollständig eingerichtete Gebäude durch ihre Kunstsammlung, die vom Impressionismus bis zu Pablo Picasso reichte. Sternheims wohnten hier bis Ende Juni 1922. Schon drei Jahre zuvor hatte Carl Sternheim ein seenahes Grundstück erworben und geplant, darauf ein kleines Haus zu errichten.

Die Jahre in Uttwil waren für den Dramatiker, dessen bekannteste Werke die satirischen Stücke *Die Hose* (1911) und *Die Kassette* (1912) sind, literarisch nur in Maßen ergiebig. Mitte Mai 1920 erlitt er einen Nervenzusammenbruch und war, gezeichnet von einer nicht ausgeheilten syphilitischen Erkrankung, seither regelmäßig in psychiatrischer Behandlung in Zürich. Die 1907 geschlossene Ehe der Sternheims war von tiefen Krisen gekennzeichnet. Zermürbt von der Egozentrik ihres sie unablässig betrügenden, cholerischen Ehemanns,

Carl Sternheim (re.) und Frans Masereel in Uttwil, 1921, vermutlich fotografiert von Thea Sternheim

unternahm Thea Sternheim im Oktober 1920 einen Selbstmordversuch.

Zahlreiche alte und neue Freunde besuchten die Sternheims in Uttwil, so der Franzose Henri-Pierre Roché, Autor des später von François Truffaut verfilmten Romans *Jules und Jim*, den Thea Sternheim als »sanft und gütig« bezeichnete, der Schriftsteller Franz Hessel und Helen Hessel, das Ehepaar Julie und Jakobus Weidenmann aus Kesswil, die Hofmannsthal-Freundin Ottonie Gräfin Degenfeld und auch die Dichterkinder Erika Mann und Pamela Wedekind (vgl. S. 45 f.). In unmittelbarer Nachbarschaft wohnten der Maler und Grafiker Ernst Schlatter und der Schweizer Schriftsteller Paul Ilg, mit dem sich Sternheim anfreundete. Im März 1921 lernten sie den Künstler Frans Masereel kennen, in den sich Thea Sternheim verliebte. Seit Ende Oktober 1921 versuchten die Sternheims, nach Deutschland zurückzukehren. Denn durch die sehr hohe Inflation in Deutschland verlor ihr Vermögen spürbar an Wert. Im Frühjahr 1922 kauften sie das Anwesen »Waldhof« bei Dresden. 1924 kehrten sie nach Uttwil zurück (vgl. S. 120 f.).

Schickele selbst wohnte nach seinem Auszug aus Uttwil erst in Konstanz, dann im Hotel St. Leonard, dem heutigen Parkhotel, in Überlingen. 1920 wurden die *Weißen Blätter* eingestellt. Zwei Jahre später zog Schickele nach Badenweiler im Südschwarzwald, wo er sich ein Haus baute und sein Hauptwerk, die Romantrilogie *Das Erbe am Rhein*, schrieb. 1922 wurde das Haus »Margrit« an einen Straßburger Arzt verkauft.

1932 dachte Schickele im Essay *Ach! Euer Schweizerland* melancholisch an den Abschied von Uttwil zurück: »Die Runde meiner Abschiedsbesuche begann ich mit dem märchenhaften Niederungswald hinter Uttwil, Romanshorn zu. Der Wald duftete betäubend nach Minze, und ich wußte, daß er in einer herbstlichen Flora strotzen würde, wie ich sie in keinem andern Walde gesehn. Ich kam ins Dorf zurück, ging den Fußpfad am See entlang nach Keßwil, wo einem

Annette Kolb am Flügel, 1927

nie ein Mensch begegnete, seitdem die Grenztruppen fort waren, besuchte den Gärtner im stattlichen Amriswil und stieg, die Augen voll Seebläue und silbriggrüner Ferne, auf den Geisberg ... In Kreuzlingen klagte ich dem Doktor Binswanger beim alkoholfreien Wein, wie traurig es sei, daß ich die Schweiz verlassen müsse, genau wie vor vierhundert Jahren meine Vorfahren, die als gute Katholiken von den Reformen in den Zürcher Zünften zum Land hinausgescheucht worden waren – wo ich doch im Gegensatz zu ihnen der Meinung zuneigte, daß die Schweiz das Schwänzen einer guten Anzahl von Messen wert sei.« Abends, nach der Unterzeichnung des Kaufvertrags, passierte er den »scheußlichen Bahnhof von Konstanz, der für Transit-Güterwagen gemacht ist, nicht für Menschen. Wehmütig wie in einem Märchen, das schlimm ausgeht, schlich ich bis an die Sperre auf der Kreuzlinger Landstraße und schaute noch einmal hinüber.«

1933 emigrierte René Schickele nach Frankreich und starb im Januar 1940 in Vence bei Nizza. 1956 wurden seine sterblichen Überreste nach Badenweiler überführt und auf dem dortigen Lipburger Friedhof beigesetzt.

Wir gehen 25 Meter schräg nach links. Dort befand sich das Hotel du Lac.

9 Hotel du Lac
Logis von Annette Kolb
Seestraße

Die Münchner Schriftstellerin Annette Kolb (1867–1963) war eine der engsten Freundinnen von Anna und René Schickele. So wie der Elsässer war auch sie, deren Mutter Französin war, Pazifistin und 1915 aus Deutschland nach Zürich emigriert. Während ihrer Aufenthalte in Uttwil stieg sie häufig im Hotel du Lac in der Seestraße, schräg gegenüber von Haus »Margrit«, ab 1922 zog sie nach Badenweiler und ließ sich ein Haus neben dem der Schickeles in der Kanderner Straße errichten. 1933 floh sie nach Frankreich und 1941 weiter in die USA. 1945 kehrte sie nach Badenweiler zurück und lebte abwechselnd dort und in Paris. 1963 starb sie in München, wohin sie 1961 gezogen

war. Ihr Grab befindet sich auf dem Friedhof München-Bogenhausen.

Wir folgen der Seestraße ortsauswärts 70 Meter.

🔟 Wohnhaus von Carl Sternheim
Seeweg 39

Ende September 1924 kehrten Carl und Thea Sternheim aus Dresden nach Uttwil zurück. Schickele beglückwünschte damals Thea Sternheim: »Und Sie Glückliche siedeln nun ganz nach Uttwil über! Ach was gäben wir darum, wenn wir ebenfalls zurückkehren könnten. Aber daran ist ja nicht zu denken. Hätte ich wenigstens mein Haus so lang gehalten. Aber daran war ja nicht zu denken. Jetzt tut es meinem Bruder leid, daß er es mir nicht abgekauft hat, natürlich, wo es zu spät ist.«

Ein Jahr zuvor hatten sie auf dem 1919 erworbenen Seegrundstück die »Hütte«, ein Häuschen mit zwei Zimmern, errichtet. Daneben begann im November 1925 der Bau eines eigenen Wohnhauses, das sie 1926 bezogen und bis Anfang 1928 gemeinsam, aber separiert – Carl im Erdgeschoss, Thea im ersten Stock – bewohnten. Die »Hütte« diente als Gästeunterkunft.

Im September 1925 hielt sich bei ihnen der Dresdner Maler Conrad Felixmüller (1897–1977) auf.

Thea Sternheim, die als Übersetzerin arbeitete, fühlte sich immer stärker vom Katholizismus angezogen. Carl Sternheim arbeitete an neuen Stücken, dem erfolgreichen Lustspiel *Die Schule von Uznach oder Neue Sachlichkeit* etwa, bei dessen Berliner Uraufführung im April 1927 Pamela Wedekind (1906–1986) mitwirkte. Er hatte sie bereits früher kennengelernt, nun verliebte er sich in die fast 30 Jahre jüngere Schauspielerin mit dem ausdrucksstarken Gesicht, die schon Erika Mann fasziniert hatte (vgl. S. 45 f.). Gesundheitlich litt Sternheim zunehmend unter Absencen und Asthmaanfällen. Im November 1927 reichte Thea Sternheim die Scheidung ein, die im Dezember rechtskräftig wurde. Die Aufteilung des Vermögens wurde gerichtlich geklärt, Haus und Grundstück in Uttwil Carl Sternheim zugesprochen.

Thea Sternheim in Uttwil, 1926

Das Haus Sternheim

Carl Sternheim. Holzschnitt von Conrad Felixmüller, 1925

Von Januar bis November 1928 lebte er mit Pamela Wedekind hier zusammen. »Die Einrichtung ist ökonomisch und nach Sternheims Gebot ohne jeglichen Zierrat, mit Ausnahme von Kunst, natürlich. Im Speisezimmer hängt Gauguins *Blumenstück mit jungen Hunden*, andere Gemälde von van Gogh, Matisse und Picasso sind im Haus verteilt. Ein heller Raum beherbergt Sternheims Bibliothek. Ein Sondervertrag mit der Gemeinde Uttwil untersagt es Nachbarn, Hühner zu halten oder Kühen Glocken umzuhängen, damit der lärmempfindliche Dichter, der gern bei offenem Fenster arbeitet, nicht gestört wird«, so Pamelas Enkel Anatol Regnier. Im Dezember 1928 wurde Sternheim nach einem Zusammenbruch ins Kreuzlinger Sanatorium Bellevue (vgl. S. 105 ff.) eingeliefert, wo bei ihm eine Gehirnerkrankung diagnostiziert wurde. Ein halbes Jahr später wurde er in Berlin weiterbehandelt und das Uttwiler Haus verkauft.

Nachdem sich Sternheims Zustand gebessert hatte, heiratete er im April 1930 Pamela, vier Jahre später wurde die Ehe geschieden. 1942 starb Sternheim in Brüssel. Pamela Wedekind heiratete später den Schauspieler Charles Regnier und arbeitete als Übersetzerin. Sie starb 1986 in Ambach am Starnberger See.

Wir fahren zurück auf die 13 und in Richtung Romanshorn weiter. Ab Holzenstein heißt sie Kreuzlinger Straße, dann Arbonerstraße. Am ersten Kreisverkehr nach Neuhus nehmen wir die dritte Abfahrt und fahren über Bahnhof- und Luxburgstraße zum Schloss Lux.

Egnach bei Romanshorn

**11 Schloss Lux
Wohnhaus von
Norbert Jacques
Halbinsel Wiedehorn
Schlossweg 1**

Das Schloss Lux mieteten Norbert Jacques (1880–1954, vgl. S. 27 f.) und seine Frau Margerite 1914 an. Neun Jahre zuvor war der Luxemburger Autor und Journalist erstmals an den Bodensee gekommen. Er war damals binnen weniger Monate zweimal als

Kreuzlingen bis Romanshorn

Redakteur entlassen worden, hatte kaum noch Ersparnisse und suchte Entspannung und einen beruflichen Neuanfang. Der Bodensee war ihm als preiswert empfohlen worden. Er mietete sich im Hotel Linde in Bodman ein, belieferte Redaktionen mit Feuilletons und frequentierte die Weinstuben in Überlingen. Später ließ er sich als Journalist und Autor in Hamburg nieder und veröffentlichte über die von ihm unternommenen exotischen Reisen erfolgreiche Bücher.

1912 heiratete Norbert Jacques Margerite Samuely, die als Sekretärin für Arthur Schnitzler (vgl. S. 11 f., 14 f.) gearbeitet hatte. Ihre abenteuerliche Hochzeitsreise dauerte 16 Monate. Sie führte sie einmal um die ganze Welt: nach Singapur, China und Tibet und via Australien, Peru und Brasilien zurück nach Hamburg. Nach ihrer Rückkehr Anfang 1914 bezogen sie Schloss Lux, einen Ende des 14. Jahrhunderts angelegten Adelssitz, der noch heute aus dem spätgotischen Giebelhaus mit Türmchen und einem Mansardengebäude aus dem 18. Jahrhundert besteht. Auf dem idyllischen Anwesen mit Bach, in dem Jacques Forellen angelte, und mit eigener Badehütte wohnten sie bis 1918 und kauften dann Schloss Geisberg bei Kreuzlingen.

Nach dem Ausbruch des Ersten Weltkriegs meldete sich Jacques als Kriegsfreiwilliger beim deutschen Heer, wurde aber, weil Luxemburger, abgewiesen. Im Oktober 1914 reiste er als Korrespondent für die Frankfurter Zeitung nach Belgien und veröffentlichte über seine an der Front und in Osteuropa sowie in Paris und London gesammelten Eindrücke Reportagen, die 1915 und 1916 in drei Bänden erschienen. Unverhohlen nahm er, obwohl aus dem neutralen Luxemburg stammend, darin Partei für Deutschland.

Wir fahren zurück zur 13. Nach 2,5 Kilometern biegen wir halbrechts auf die A 11. Diesem folgen wir bis zur Abfahrt Rorschach und fahren über die Nationalstraße in die Sankt Gallerstraße. An der Einmündung der Foststraße machen wir Halt. Hier stand einst die Villa Mariahalde.

Goldach bei Romanshorn

⑫ Villa Mariahalde
Logis von Wassily Kandinsky und Gabriele Münter
Areal zwischen Sankt Galler-, Forst- und Gäbrisstraße und Ochsengartenweg

Am 6. August 1914 trafen die deutsche Malerin Gabriele Münter (1877–1962) und der russische Künstler Wassily Kandinsky (1866–1944) in der Villa Mariahalde in Goldach ein. Sie hatten eine viertägige Reise hinter sich. Am 1. August war der Erste Weltkrieg ausgebrochen, und der seit 1896 in München lebende Kandinsky, nunmehr »feindlicher Ausländer«, musste überstürzt Deutschland verlassen, um einer drohenden Internierung zu entgehen. Münter und Kandinsky, begleitet von Kandinskys Frau Anja, von der er seit 1904 getrennt lebte, der Familie seiner sich zufällig im Land aufhaltenden Schwägerin und Kandinskys Münchner

Gabriele Münter und Wassily Kandinsky, 1916

Haushälterin Fanny Dengler, hielten sich auf Mariahalde bis zum 16. November 1914 auf. Die recht provisorisch eingerichtete Villa, ein »verwunschenes Schloss« laut Maria Marc, der Frau des Malers Franz Marc, gehörte Kandinskys Münchner Vermieterin Jeannette Lingg.

Gemalt wurde in Goldach nichts, dafür Briefe geschrieben und die politische Entwicklung genau verfolgt. Kandinsky dachte hier intensiv über Kunst, insbesondere über seine Kunsttheorie nach. Aus dem Korpus an Texten, die er in Goldach schrieb, entstand sein Buch *Punkt und Linie zu Fläche* (1926). Er lud Mitte August den befreundeten Zeichner Paul Klee (1887–1940), der sich damals in Bern aufhielt, nach Goldach ein. Auf der Rückreise nach Bayern machte die Familie Klee einen Zwischenhalt auf Mariahalde.

Mitte November 1914 verließen Kandinsky und seine Angehörigen Goldach und trafen vier Wochen später nach einer Odyssee in Odessa, Kandinskys Heimatstadt, ein. Seiner Geliebten Gabriele Münter hatte er vor der Abreise die Ehe versprochen. Sie fuhr am 16. Januar 1915 nach München, löste die Wohnung auf und reiste über Berlin und Kopenhagen nach Stockholm, wo sie am 18. Juli eintraf und auf Kandinsky wartete. Dieser kam aber erst Ende Dezember. Er blieb drei Monate, verschob einen für Herbst 1916 geplanten Besuch und vertröstete sie auch 1917. Am 12. Juni 1917 schrieb er ihr einen letzten Brief. Am selben Tag heiratete er die russische Generalstochter Nina von Andreewsky. 1919 wurde Kandinsky in Moskau Direktor des Museums für Malkultur. 1921 verließ er die Sowjetunion und wurde 1922 Professor am Bauhaus in Weimar. 1933 zog er nach Frankreich und starb 1944 in Neuilly-sur-Seine bei Paris. Den Namen Gabriele Münters erwähnte er nach 1917 nie mehr.

Gabriele Münter, so ihr Biograph und späterer Lebensgefährte Johannes Eichner, »litt unter dem Verlust Kandinskys ein Jahrzehnt«. Erst ein Aufenthalt in Paris 1929/30 gab ihr neue künstlerische Impulse. Nach 1933 blieb sie in Deutschland und wohnte in Murnau in Oberbayern. 1957 schenkte sie Bilder Kandinskys und anderer Mitglieder der Gruppe »Der Blaue Reiter« sowie eigene Arbeiten der Städtischen Galerie im Lenbachhaus in München. Sie starb 1962 in Murnau.

1917 verkaufte Jeannette Lingg das Anwesen. Die Villa Mariahalde wurde 1942 abgebrochen. Der Park wurde bis heute nicht bebaut.

Zum Abschluss unseres Rundgangs gehen wir die Sankt Gallerstraße seewärts bis zum Hafen Rorschach. Am Ende der geschwungenen Pier bietet sich ein weiter Blick über den Bodensee, der den Satz Johannes Dufts (1915–2003), Historiker an der Universität Innsbruck, Träger des Bodensee-Literaturpreises und langjähriger Stiftsbibliothekar in der Stiftsbibliothek St. Gallen (sowie Onkel des Schweizer Schriftstellers Thomas Hürlimann), auf das schönste bestätigt: »Wie das Mittelländische Meer [ist der Bodensee] ein verbindendes und vermittelndes, ein aufspeicherndes und ausstrahlendes Kulturbecken.«

Museen am Bodensee

Deutschland

Gaienhofen

Hermann-Hesse-Höri-Museum
Kapellenstraße 8
D-78343 Gaienhofen am Bodensee
Telefon: +49 7735 81832
Fax: +49 7735 81832
E-Mail: info@hermann-hesse-hoeri-museum.de
www.hermann-hesse-hoeri-museum.de
Öffnungszeiten:
15. März bis 31. Oktober:
Dienstag bis Sonntag, 10–17 Uhr
1. November bis 14. März:
Freitag und Samstag, 14–17 Uhr,
Sonntag, 10–17 Uhr
Führungen auf Anfrage
Ausgestellt sind Werke von auf der Höri tätigen Künstlern. Im 1991 angegliederten Hesse-Haus werden Sonderausstellungen gezeigt.

Hemmenhofen

Otto-Dix-Haus
Otto-Dix-Weg 6
D-78343 Gaienhofen-Hemmenhofen
Telefon: +49 7735 3151
Fax: +49 7735 8918
E-Mail: otto-dix-haus@t-online.de
Öffnungszeiten:
Mitte März bis Ende Oktober:
Mittwoch bis Samstag, 14–17 Uhr
Sonntag und Feiertage, 11–18 Uhr
Führungen nach Vereinbarung
Wechselausstellungen illustrieren Leben und Werk von Otto Dix.

Konstanz

Städtische Wessenberg-Galerie
Wessenbergstraße 43
D-78642 Konstanz
Telefon: +49 7531 900921
Fax: +49 7531 900608
www.konstanz.de
Öffnungszeiten:
Dienstag bis Freitag, 10–18 Uhr
Samstag und Sonntag, 10–17 Uhr
Führungen nach Anmeldung
Schwerpunkt ist südwestdeutsche Kunst des 19. und 20. Jahrhunderts und Kunst des Bodenseeraums.

Lindau

Stadtmuseum Lindau im Cavazzen
Marktplatz 6
D-88131 Lindau (Bodensee)
Telefon: +49 8382 27756514
Fax: +49 8382 944073
www.lindau.de
Öffnungszeiten:
April bis Oktober:
Dienstag bis Freitag und Sonntag,
11–17 Uhr
Samstag, 14–17 Uhr
Führungen nach Vereinbarung
Gezeigt werden Wohnkultur des 15.–18. Jahrhunderts, Jugendstilmöbel des Architekten Peter Behrens aus der Lindauer Villa Wacker sowie eine mechanische Instrumenten- und eine Grafiksammlung.

Meersburg

Burgmuseum
Schlossplatz 10
D-88709 Meersburg
Telefon: +49 7532 80000
Fax: +49 7532 800088
www.burg-meersburg.de
Öffnungszeiten:
März bis Oktober:
9–18.30 Uhr
November bis Februar:
9–18 Uhr
Letzter Einlass jeweils 30 Minuten
vor Schließung der Räume
Älteste bewohnte Burg Deutschlands.
In 30 Räumen wird das einstige
Leben auf der Burg vorgeführt
inklusive Ritterrüstungen, Gefängnisstube, Schatzkammer und Burgverlies sowie Informationen über
die Zeit der Hexenverfolgung und
die Gerichtsbarkeit früherer Jahrhunderte.

Droste-Museum im Fürstenhäusle
Stettener Straße 15
D-88709 Meersburg
Telefon: +49 7532 6088
www.bodensee-info.com/html/
meersburg_drostei.html
Öffnungszeiten:
April bis Oktober:
Montag bis Samstag, 10–12.30,
14–18 Uhr
Sonntag und Feiertage, 14–18 Uhr
Zu sehen sind u. a. Bücher, Möbel
und persönliche Erinnerungsstücke
der Dichterin Annette von Droste-Hülshoff, die Aufschluss über die
Jahre 1841–1848 geben, die die Dichterin in Meersburg verbrachte.

Überlingen

Städtisches Museum
Krummebergstraße 30
D-88662 Überlingen
Telefon: +49 7551 991079
Fax: +49 7551 991679
www.ueberlingen.de
Führungen nach Vereinbarung
Eine umfangreiche Sammlung von
Überlinger und Bodensee-Kunst
von der Gotik bis zum Klassizismus,
ergänzt durch Abteilungen für
Ur- und Frühgeschichte, eine Sammlung von Krippen und historischen
Puppenstuben sowie Wechselausstellungen.

Österreich

Bregenz

Franz-Michael-Felder-Archiv
der Vorarlberger Landesbibliothek
Kirchstraße 28
A-6900 Bregenz
Telefon: +43 5574 51144055
Fax: +43 5574 51144096
E-Mail: felderarchiv@vorarlberg.at
www.vorarlberg.at/vlb/felder
Öffnungszeiten:
Montag, 9–12, 14–17 Uhr
Dienstag bis Freitag, 9–12 Uhr
und nach telefonischer Vereinbarung
Schwerpunkt des Literaturarchivs
sind Vor- und Nachlässe von Persönlichkeiten der Vorarlberger Literatur-
und Geistesgeschichte, die erschlossen und der Forschung zugänglich
gemacht werden. Das Felder-Archiv
fungiert als Literaturhaus, Veranstaltungszentrum und Dokumentationsstelle für die Vorarlberger Literatur.

Schweiz

Berlingen

Adolf Dietrich-Haus
Seestrasse 31
CH-8267 Berlingen
Telefon: +41 52 7484120
Fax: +41 52 7400110
E-Mail: kunstmuseum@kttg.ch
www.kunstraum-kreuzlingen.ch/ad_dietrich.htm
Öffnungszeiten:
Anfang Mai bis Ende September:
Samstag und Sonntag, 14–18 Uhr
oder nach Vereinbarung
Das Wohn- und Arbeitshaus von Adolf Dietrich mit der unveränderten Malstube und einem Dokumentationsraum steht Besuchern offen.

Salenstein

Napoleon-Museum
Schloss Arenenberg
CH-8268 Salenstein
Telefon: +41 71 6633260
Fax: +41 71 6633261
E-Mail: napoleonmuseum@tg.ch
www.napoleonmuseum.tg.ch
Öffnungszeiten:
Mitte April bis Mitte Oktober:
Montag, 13–17 Uhr
Dienstag bis Sonntag, 10–17 Uhr
Neben Erinnerungsstücken, Gemälden und wertvollem Mobiliar aus den Sammlungen Napoleons I. und seiner Familie sind hier auch Gegenstände des täglichen Bedarfs, technische Erfindungen und wertvolle Bücher zu sehen. Sonderausstellungen, ein Museumsshop und ein Bistro (montags geschlossen) ergänzen das Angebot.

Literatur- und Quellenverzeichnis

Ammann, Hugo/Vögele, Christoph: Adolf Dietrich. Die Gemälde 1877–1957. Weinfelden 1994

Basch, Karen/Nürnberger, Helmuth: Oswald von Wolkenstein mit Selbstzeugnissen und Bilddokumenten. Reinbek 1986

Beck, Rainer: Otto Dix 1891–1969. Zeit Leben Werk. Konstanz 1993

Emanuel von Bodman und die Gottlieber Künstlerkolonie 1902–1905. Hg. v. d. Thurgauischen Bodman-Stiftung. Frauenfeld 2000

Borst, Arno: Mönche am Bodensee 610–1525. Sigmaringen 1978

Bosch, Manfred: Bohème am Bodensee. Literarisches Leben am See vor 1900 bis 1950. Lengwil 1997

Ders.: Harriet Straub/Hedwig Mauthner und das »Glaserhäusle« in Meersburg. Marbach 1996

Ders.: Dichterleben am Bodensee. Frauenfeld 2002

Ders. (Hg.): Unser aller Weg führt übern Bodensee. Eine Landschaft und ihre Menschen in der Literatur des 20. Jahrhunderts. Eggingen 2000

Bothien, Heinz (Hg.): Joseph von Lassberg – Des letzten Ritters Bibliothek. Frauenfeld 2001

Ders.: Napoleons Liebesschwüre und andere Köstlichkeiten aus den Hofbibliotheken der Königin Hortense. Frauenfeld 2003

Bucheli, Roman: Hölderlin in Hauptwil. Ein Ortstermin im Kanton Thurgau. In: Neue Zürcher Zeitung (Zürich), 4. März 2006

Budjuhn, Horst: Fontane nannte sie »Effi Briest«. Das Leben der Elisabeth von Ardenne. Berlin 1985

Bumm, Peter: August Graf von Platen. Eine Biographie. Paderborn 1990

Burckhardt, Carl J.: Memorabilien. Erinnerungen und Begegnungen. München 1977

Dewitz, Bodo von/Schuller-Procopovici, Karin (Hg.): Hugo Erfurth 1874–1948. Photograph zwischen Tradition und Moderne. Köln 1992

Dohrmann, Anja Maria: Erika Mann – Einblicke in ihr Leben. Phil. Diss. Freiburg i. Br. 2003

Dos Passos, John: Die schönen Zeiten. Jahre mit Freunden und Fremden. Reinbek b. Hamburg 1969

Eggert, Stefan (Hg.): Europa erlesen. Bodensee. Klagenfurt 2000

Expressionismus am Bodensee. Literatur und bildende Kunst. Hg. v. d. Städtischen Wessenberg-Galerie Konstanz. Eggingen 2001

Faude, Ekkehard: Fritz Mühlenweg – vom Bodensee zur Mongolei. Lengwil 2005

Gaier, Ulrich: Annette von Droste-Hülshoff und ihre literarische Welt am Bodensee. Marbach 1993

Göhre, Frank: Zeitgenosse Glauser. Zürich 1988

Grellet, Pierre: Königin Hortense auf Arenenberg. Hg. v. Dominik Gügel. Frauenfeld 2001

Gügel, Dominik (Hg.): Arkadien am Bodensee. Europäische Gartenkultur des beginnenden 19. Jahrhunderts. Frauenfeld 2005

Gügel, Dominik/Egli, Christina (Hg.): Was für ein Theater! Krönungen und Spektakel in napoleonischer Zeit. Frauenfeld 2004

Hagel, Manfred (Hg.): Annäherungen an Lindau. Berühmte Autoren in der Inselstadt und Umgebung. Lindau 1996

Heer, Jakob Christoph: Erinnerungen. Stuttgart/Berlin 1930

Hemingway, Ernest: A Moveable Feast. Sketches of the Author's Life in Paris in the Twenties. New York 1964

Herzog, Max (Hg.): Ludwig Binswanger und die Chronik der Klinik »Bellevue« in Kreuzlingen. Berlin/München 1995

Hofmann, Andrea (Hg.): Künstler auf der Höri. Zuflucht am Bodensee in der ersten Hälfte des zwanzigsten Jahrhunderts. Konstanz 1989

Hofmann, Erich: Gaienhofen. Bilder aus vergangener Zeit. Konstanz 1990

Ders.: Konstanz, alte Stadt. Konstanz 2000

Jacques, Norbert: Mit Lust gelebt. Roman meines Lebens. Hg. v. Hermann Gätje u. a. St. Ingbert 2004

Jost, Dominik (Hg.): Bodensee. Reisebuch. Frankfurt a. M./Leipzig 1993

Kraft, Herbert: Annette von Droste-Hülshoff. Ein Gesellschaftsbild. Münster 1996

Kreuzhage, Werner (Hg.): Julius Bissier. Lyrische Abstraktion am Bodensee. Katalog zur Ausstellung in der Städtischen Wessenberg-Galerie Konstanz. Konstanz 2004

Kühn, Dieter: Ich Wolkenstein. Biographie. Frankfurt a. M. 2003

Kühn, Joachim: Die Königin Hortense und ihre Söhne 1815–1837. Stuttgart 1965

Landert, Markus/Messmer, Dorothee (Hg.): Adolf Dietrich. Malermeister – Meistermaler. Ein Glossar. Sulgen/Zürich 2002

Larese, Dino: Friedrich Georg Jünger. Eine Annäherung. Amriswil 1968

Ders. (Hg.): Philosophen am Bodensee. Friedrichshafen 1999

Lühe, Irmela von der: Erika Mann. Eine Biographie. Frankfurt a. M./New York 1993

Mahal, Günther: J. V. von Scheffel. Zu Unrecht vergessen? Versuch einer Revision. Karlsruhe 1986

Fritz Mühlenweg – Malerei. Städtische Wessenberg-Galerie Konstanz. Lengwil 1999

Natter, Tobias G.: Angelika Kauffmann. Ein Weib von ungeheurem Talent. Katalog zur Ausstellung im Vorarlberger Landesmuseum Bregenz. Ostfildern 2007

Pascal, Janet B.: Arthur Conan Doyle. Beyond Baker Street. New York/Oxford 1999

Regnier, Anatol: Du auf deinem höchsten Dach. Tilly Wedekind und ihre Töchter. Eine Familienbiografie. München 2003

Ruhmann, Alfred: Joseph Viktor von Scheffel. Sein Leben und Dichten. Stuttgart 1887

Safranski, Rüdiger: Ein Meister aus Deutschland. Heidegger und seine Zeit. München/Wien 1994

Saner, Gerhard: Friedrich Glauser. Eine Biographie. Frankfurt a. M. 1981

Schiller, Doris u. Dieter: Literaturreisen Bodensee. Wege Orte Texte. Stuttgart 1990

Schmalenbach, Werner: Julius Bissier. Köln 1974

Schnierle-Lutz, Herbert: Hermann Hesse – Schauplätze seines Lebens. Frankfurt a. M./Leipzig 1997

Scholz, Wilhelm von: Der Bodensee. München 1921

Schubert, Nic: Uttwil – das Dorf der Dichter und Maler. Sechs Lebensbilder aus unserem Dorf. Uttwil 1991

Schwarzbauer, Franz (Hg.): Meersburg. Spaziergänge durch die Geschichte einer alten Stadt. Ein Lesebuch. Friedrichshafen 1999

Schwob, Anton: Oswald von Wolkenstein. Eine Biographie. Bozen 1977

Simon, Hans-Ulrich: Mörike Chronik. Stuttgart 1981

Stanzel, Franz Karl: »Falls wir reisen ab«. In: Die Presse (Wien), 29. Mai 2004

Swozilek, Helmut (Hg.): »Aus tausend Spiegeln sehe ich mich an«. Paula Ludwig. 1900–1974. Dichterin/Malerin. Bregenz 2004

Wolfart, Karl (Hg.): Geschichte der Stadt Lindau. Lindau 1909

Bildnachweis

Aus: Jürg Amann: Robert Walser. Eine literarische Biografie in Texten und Bildern. Zürich 2006 S. 113 (Keystone/Robert Walser-Archiv der Robert-Walser-Stiftung, Zürich) – Aus: Arkadien am Bodensee. Europäische Gartenkultur des beginnenden 19. Jahrhunderts. Frauenfeld 2005 S. 82, 83 – Aus: Karen Baasch/Helmuth Nürnberger, Oswald von Wolkenstein mit Selbstzeugnissen und Bilddokumenten. Reinbek b. Hamburg 1995 S. 95 – Aus: Simon Beesley/Sheena Joughin, Literaturgeschichte des 20. Jahrhunderts. Aus d. Engl. v. Dorothee Göbel. München 2001 S. 21 – Aus: Peter Berglar, Annette von Droste-Hülshoff in Selbstzeugnissen und Bilddokumenten. Reinbek b. Hamburg 1967 S. 51, 52 – Aus: Benedikt Bilgeri, Bregenz. Geschichte der Stadt. Wien/München 1980 S. 9 – Aus: Der Bodensee. Merian 4/XX (1967) S. 81 (Fritz Eschen, Berlin) – Aus: Manfred Bosch, Dichterleben am Bodensee. Frauenfeld u. a. 2002 S. 88 (Robert Walser-Archiv der Robert-Walser-Stiftung, Zürich) – Aus: Ders., Bohème am Bodensee. Literarisches Leben am See von 1900 bis 1950. Lengwil 1997 S. 23, 27, 28 (Privatarchiv Adeline Jacques-Marin, München), 30 (Dt. Literaturarchiv, Marbach a. N.), 37 (Archiv Dino Larese, Amriswil), 43 (Ingeborg Häsli-Heige), 54 (Nachlass Max Barth, Museum für Literatur am Oberrhein, Karlsruhe), 55, 61 li. (Foto Lauterwasser, Überlingen), 62 (Erich Bloch, Konstanz), 92 (Dt. Literaturarchiv, Marbach a. N.), 106, 115 re. (Julie Weidenmann. St. Gallen 1943), 118 (Dt. Literaturarchiv, Marbach a. N.) – Aus: Horst Budjuhn, Fontane nannte sie »Effi Briest«. Das Leben der Elisabeth von Ardenne. Berlin 1985 S. 39 li., 39 re. – Aus: Peter Bumm, August Graf von Platen. Eine Biographie. Paderborn u. a. 1990 S. 35 li. – Aus: Jean-François Chiappe (Hg.), Die berühmten Frauen der Welt von A–Z. Gütersloh o. J. S. 16 – Angelika van Doorn, Nonnenhorn S. 42 – Aus: Hugo Erfurth. Photograph zwischen Tradition und Moderne. Hg. v.

Bodo Dewitz u. Karin Schuller-Procopovici. Köln 1992 S. 69 – Aus: Expressionismus am Bodensee. Literatur und bildende Kunst. Hg. v. d. Städtischen Wessenberg-Galerie Konstanz. Eggingen 2001 S. 85 u. 94 u. 103 (Dt. Literaturarchiv, Marbach a. N.), 116 li. (Manfred Bosch, Lörrach), 117 (Joachim W. Storck), 120 re. (VG Bild-Kunst, Bonn) – Aus: Expressionisten. Die Avantgarde in Deutschland 1905–1920. Berlin 1986 S. 73 (Staatl. Galerie Moritzburg, Graphische Sammlung, Halle) – Franz-Michael-Felder-Archiv, Bregenz S. 17 – Aus: Frank Göhre, Zeitgenosse Glauser. Ein Porträt. Zürich: Arche 1988 S. 79, 80 – Aus: Barbara u. Erhard Göpel (Hg.), Leben und Meinungen des Malers Hans Purrmann. Wiesbaden 1961 S. 44 (Lotte Eckener) – Aus: Lucius Grisebach, Ernst Ludwig Kirchner 1880–1938. Köln 1995 S. 116 re. (Städtische Galerie im Städelhaus, Kunstinstitut, Frankfurt a. M./Wolfgang Henze, Wichtrach/Bern) – Aus: Gertrud Heidegger (Hg.), »Mein liebes Seelchen!« Briefe Martin Heideggers an seine Frau Elfride 1915–1970. München 2005 S. 98 – Aus: Hermann Hesse. Bodensee. Betrachtungen Erzählungen Gedichte. Hg. v. Volker Michels. Aufnahmen von Siegfried Lauterwasser. Sigmaringen 1977 S. 70, 71, 72 li., 72 re. – Aus: Hölderlin. Bilder aus seinem Leben. Stuttgart 1959 S. 111 (Hölderlin-Archiv, Bebenhausen), 112 (Dt. Literaturarchiv, Marbach a. N.) – Aus: Erich Hofmann (Hg.), Gaienhofen. Bilder aus vergangener Zeit. Konstanz 1990 S. 68 (Dt. Literaturarchiv, Marbach a. N.) – Aus: Rolf Italiaander (Hg.), Hans Leip. Leben und Werk. Hamburg 1958 S. 86 – Aus: Jürgen Klöckler/ Norbert Fromm: Der Bodensee in frühen Bildern. Photographien aus der Sammlung Wolf 1860–1930. Ostfildern 2005 Frontispiz – Aus: Manfred Koschlig, Mörike in seiner Welt. Stuttgart 1954 S. 15 – Aus: Siegfried Lauterwasser, Überlingen. Ein Fotobuch. Lindau 1952 S. 57 (Foto Lauterwasser, Überlingen) – Aus: Günter Mahal, Joseph Victor von Scheffel. Versuch einer Revision. Karlsruhe 1986 S. 66 – Aus: Hans Mayer, Richard Wagner mit Selbstzeugnissen und Bilddokumenten. Hamburg 1959 S. 35 re. – Aus: John McCourt, James Joyce. A Passionate Exile. London 1999 S. 19 – Aus: Jochen Meyer, Wilhelm Raabe. Unter Demokraten, Hoflieferanten und Philistern. Eine Chronik seiner Stuttgarter Jahre. Marbach 1981 S. 13 – Monacensia. Literaturarchiv und Bibliothek, München S. 119 – Stefan Moses S. 74 – Aus: Fritz Mühlenweg – Malerei. Hg. v. d. Städtischen Wessenberg-Galerie Konstanz. Langwil 1999 S. 47 (Archiv der Geschwister Mühlenweg), 63 (Regina Mühlenweg, Konstanz), 64 (Archiv der Geschwister Mühlenweg) – Aus: Wilhelm Muehlon, Ein Fremder im eigenen Land. Hg. v. Wolfgang Benz. Bremen 1989 S. 90 (Wolfgang Donat, Bremen) – Aus: Gabriele Münter 1877–1962. Retrospektive. Hg. v. Annegret Hoberg u. Helmut Friedel. München 1992 S. 123 – Aus: Uwe Naumann (Hg.), Die Kinder der Manns. Ein Familienalbum. Reinbek b. Hamburg 2005 S. 45 (Sammlung Blahak, Hannover), 108 (Thomas-Mann-Sammlung Dr. Hans-Otto Mayer, Schenkung Rudolf Groth, Universitäts- und Landesbibliothek Düsseldorf) – Aus: Niels Oxenvad, H. C. Andersen. Ein Leben in Bildern. München 1997 S. 33 – Aus: Jacob Picard, Werke. Hg. v. Manfred Bosch. Bd 2. Konstanz 1991 S. 67 – Aus: Paul Raabe, Die Autoren und Bücher des literarischen Expressionismus. Ein bibliographisches Handbuch. Stuttgart 1985 S. 18 (Dt. Literaturarchiv, Marbach a. N.) – Aus: Erich Salomon, Berühmte Zeitgenossen in unbewachten Augenblicken. Stuttgart 1931 S. 99 – Aus: Ingeborg Schnack, Rainer Maria Rilke. Leben und Werk im Bild. Frankfurt a. M. 1973 S. 100 (Rilke-Archiv) – Aus: Arthur Schnitzler. Sein Leben. Sein Werk. Seine Zeit. Hg. v. Heinrich Schnitzler, Christian Brandstätter u. Reinhard Urbach. Frankfurt a. M. 1981 S. 12 li. u. Mitte, 14 – Aus: Klaus Albrecht Schröder, Egon Schiele. München u. a. 2006 (Bildarchiv/ Egon-Schiele-Archiv Max Wagner Stiftung) S. 12 re. – Aus: Peter Schütz, August Strindberg mit Selbstzeugnissen und Bilddokumenten. Reinbek b. Hamburg 1990 S. 31 – Aus: Franz Schwarzbauer (Hg.), Meersburg. Spaziergänge durch die Geschichte einer alten Stadt. Ein Lesebuch. Friedrichshafen 1999 S. 25, 49 (Toni Schneiders, Lindau), 50 li. u. re., 53 (Siegfried Lauterwasser, Überlingen) – Aus: Heimo Schwilk (Hg.), Ernst Jünger. Leben und Werk in Bildern und Texten. Stuttgart 1988 S. 60, 61 re. – Aus: Ralf Seuffert, Konstanz. 2000 Jahre Geschichte. Konstanz 2003 S. 77 – Aus: Thea Sternheim, Tagebücher 1903–1971. Hg. v. Thomas Ehrsam u. Regula Wyss. Bd 1: 1903–1925. Göttingen 2002 S. 120 li. (Dt. Literaturarchiv, Marbach a. N.) – Aus: Dies., Tagebücher 1903–1971. Hg. v. Thomas Ehrsam u. Regula

Wyss. Bd 2: 1925–1956. Göttingen 2002 S. 121 (Dt. Literaturarchiv, Marbach a. N.) – Aus: Gerhard Wehr, C. G. Jung in Selbstzeugnissen und Bilddokumenten. Reinbek b. Hamburg 1969 S. 107 u. 115 li. (Franz Jung, Küsnacht-Zürich) – Aus: Zürich 1914–1918. du atlantis, 26. Jg. (September 1966) S. 87
Wir danken allen Rechteinhabern. In einigen Fällen ist es nicht gelungen, die heutigen Rechteinhaber zu ermitteln. Wir bitten diese, sich mit den Arche Verlagen, Zürich-Hamburg, in Verbindung zu setzen.

Dank

Mein Dank für Auskünfte, Hinweise, Informationen und Unterstützung gilt: Julia Bentele (Bodman), Manfred Buhl (Lindau/Bodensee), Rudolf Dimmerler (Geschichtsverein Hagnau), Dr. Bettina Enderle (Frankfurt am Main), Professor Bruno Epple (Öhningen-Wangen), Norbert Fromm (Stadtarchiv Konstanz), Urs Frauenknecht (Gemeindeschreiber, Hauptwil), Hans Geißler (Nachlassverwaltung Erich Heckel Gaienhofen), Professor Eduard Hindelang (Langenargen), Ulla Hirschböck (Kultur- und Verkehrsbüro Allensbach), Dr. Andrea Hofmann (Kunstverein Friedrichshafen), Ilse Holzinger (Gabriele-Münter- und Johannes-Eichner-Stiftung, Städtische Galerie im Lenbachhaus München), Rudi Hornstein (Museumsverein Nonnenhorn), Claudia Jürgens (Berlin/Hamburg), Michael Kiss (Museumsverein Lindau), Mag. Thomas Klagian (Stadtarchiv Bregenz), Grit Koltermann (Kulturamt Lindau), Donatella Luizzi Thell (Kreuzlingen Tourismus, Kreuzlingen), Gian Matussi (Gemeindeverwaltung Egnach, Neukirch-Egnach), Daniel Moosbrugger (Stadt Feldkirch), Elisabeth Raabe (Arche Verlag, Zürich-Hamburg), Heiner Stauder (Stadtarchiv Lindau), Alfred Thommen (Salenstein), Mag. Christoph Volaucnik (Stadtarchiv Feldkirch), Vreni Zumkehr (Gesellschaft ›Frohsinn‹, Uttwil), den Mitarbeiterinnen und Mitarbeitern der Münchner Stadtbibliothek, den Mitarbeiterinnen und Mitarbeitern der Bayerischen Staatsbibliothek München sowie den Autorinnen und Autoren, auf deren Recherchen dieses Buch aufbauen konnte.
Besonderer Dank gilt meinen Eltern Gisela und Joachim Kluy, ohne die ich nicht an den Bodensee gekommen wäre. Ihnen ist dieses Buch gewidmet.
Ohne meine Frau Maja wäre nicht nur dieses Buch nicht möglich gewesen.

Biographische Notiz

Alexander Kluy, geboren 1966, aufgewachsen am Bodensee. Literaturwissenschaftliches Studium. Freier Journalist und Kritiker in München. Zahlreiche Veröffentlichungen über Literatur, Kunst-, Kultur- und Geistesgeschichte in deutschen, österreichischen und Schweizer Zeitungen und Zeitschriften. 2004 erschien Berühmt in Wien. Maler, Musiker, Schauspieler, Schriftsteller, Architekten und andere. Wo sie lebten und wirkten.

Personenregister

Ackermann, Max 41, 42
Andersch, Alfred 43
Andersen, Hans Christian 33 f.
Andersen Nexø, Martin 5, 62 f.
Andreas-Salomé, Lou 100
Andreewsky, Nina von 123
Ardenne, Elisabeth von 39 f.
Ardenne, Manfred von 40

Bade, Kathrin s. Leip, Kathrin
Ball, Hugo 87, 88, 89
Ball, Maria 89
Ball-Hennings, Emmy 88, 89
Barlach, Ernst 87
Baumeister, Willi 41 f.
Beauharnais, Charles-Louis 83, 89
Beauharnais, Eugène de 83
Beauharnais, Hortense de 82 ff., 83
Beauharnais, Joséphine de 82, 83
Becher, Johannes R. 54 f.
Becher, Hedwig 32
Becher, William 5, 32 f.
Becker, Paula 100
Beckett, Samuel 19
Behrens, Peter 7
Benn, Gottfried 18
Bergner, Elisabeth 19
Bernhardt, Rüdiger 38
Bernus, Alexander von 68
Binswanger, Ludwig 18, 19, 84, 105 ff., 116, 119
Binswanger, Otto (Ludwigs Bruder) 105
Binswanger, Otto (Ludwigs Onkel) 105
Binswanger, Wolfgang 105
Bismarck, Otto von 99
Bissier, Julius 6, 41, 47 f., 63
Bissier, Ulrich 47
Bissier-Hofschneider, Lisbeth 47 f.
Bodman, Clara von 91, 92
Bodman, Emanuel von 7, 91 f., 92
Böll, Heinrich 60
Bonaparte, Louis 82
Bonaparte, Napoleon 82, 83, 128
Bonnier, Albert 31
Brandhuber, Camillo 98
Braunfels, Walter 5
Breuer, Josef 105
Britting, Georg 43
Buber, Martin 106
Bumm, Peter 34
Burckhardt, Carl Jakob 79

Campendonk, Heinrich 73
Capellini, Arnoldo 11
Cassirer, Paul 115
Char, René 40
Chateaubriand, François-René de 83 f.
Cocteau, Jean 85

Däubler, Theodor 40, 94
Dalberg, Fürstbischof Karl Theodor von 52
Degenfeld, Ottonie Gräfin 118
Dengler, Fanny 123
Dietrich, Adolf 6, 81 f., 128
Dietrich, Rudolf Adrian 94 f.
Dix, Jan 75
Dix, Martha 75
Dix, Otto 59, 63, 74 f., 114, 126
Dix, Ursus 75
Döblin, Alfred 99
Dos Passos, John 22 f., 23
Doyle, Arthur Conan 21 f.
Droste-Hülshoff, Annette von 49, 50 ff., 51, 53 f., 56, 110, 115, 127
Dufour, Henri 83
Duft, Johannes 124
Dumas, Alexandre (père) 83

Edschmid, Kasimir 28
Ehrenstein, Albert 18 f.
Eichner, Johannes 123
Eisner, Kurt 90
Erfurth, Gottfried 69 f.
Erfurth, Hugo 69
Ernst, Max 40
Essen, Siri von s. Strindberg, Sigrid

Fabrice, Blanche de, verh. von Bodman 71, 92
Farese, Giuseppe 11
Felder, Franz Michael 127
Felixmüller, Conrad 120
Ferenczi, Sándor 107
Finckh, Ludwig 6, 70, 91
Fischer, Samuel 18, 19
Flake, Otto 106
Fontane, Theodor 39, 40, 88
Frank, Leonhard 19, 87, 88 f., 106
Freiligrath, Ferdinand 51
Freud, Sigmund 5, 105, 107 f.
Fried, Oskar 100, 116
Fröschle, Ulrich 61
Fulda, Ludwig 99

Gauguin, Paul 121
Geismar, Freifrau von 30

Geißler, Horst Wolfram 6, 36 f., 41, 53
Gide, André 85
Glauser, Friedrich 79 f., 80
Göpel, Barbara 44
Göpel, Erhard 44
Gogh, Vincent van 121
Goll, Ivan 18
Gontard, Jakob 111
Gontard, Susette 111
Gonzenbach, Emanuel 111
Graf, Oskar Maria 94
Gregor XVI., Papst 97
Gregor-Dellin, Martin 35
Greith, Carl Joseph 110
Grellet, Pierre 83
Grohmann, Will 69
Grossmann, Rudolf 44
Gründgens, Gustaf 45, 45, 46, 106
Gulbransson, Olaf 44, 91
Guthmann, Johannes 44

Hadley, Elizabeth s. Hemingway, Elizabeth Hadley
Hagelstange, Rudolf 5
Halbe, Max 99
Hansjakob, Heinrich 48
Harbou, Thea von 28
Hardekopf, Ferdinand 84 f., 85, 103, 106
Harden, Sylvia von 84
Hartwich, Eduard 39
Hauer, Franz 12
Haug, Joseph 38
Hauptmann, Gerhart 56
Haxthausen, August von 49
Heckel, Erich 72 ff., 73
Heckel, Siddi 72
Heer, Jakob Christoph 87 f.
Heidegger, Martin 61, 98 f., 105, 111, 113 f.
Heine, Heinrich 35
Heissenbüttel, Helmut 60
Hemingway, Elizabeth Hadley 22, 23
Hemingway, Ernest 22 f., 23
Hennings, Emmy s. Ball-Hennings, Emmy
Herzfeld-Wüsthoff, Günther 42 f., 43
Herzog, Rudolf 88
Hesse, Hermann 6, 33, 44, 59, 68 f., 70, 71 f., 72, 90, 91, 92, 126
Hesse, Maria, gen. Mia 68, 72
Hessel, Franz 118
Hessel, Helen 118
Hiller, Kurt 85
Hölderlin, Friedrich 30, 111 f., 112, 113
Hofmann, Andrea 73

Horowitz, Dr. 14
Huch, Ricarda 109
Hürlimann, Thomas 124
Huggenberger, Alfred 88
Humboldt, Alexander von 83
Husserl, Edmund 105

Ilg, Paul 118
Immermann, Karl 35
Ittner, Joseph von 97

Jacob, Isaac 76
Jacques, Adeline 27, 28
Jacques, Aurikel 27, 28
Jacques, Bibiane 28
Jacques, Margerite, geb. Samuely 27, 28, 121 f.
Jacques, Norbert 27 ff., 28, 62, 84, 121 f.
Jacques, Olga, gen. Olly 84 f., 85
Jacques, Ulrich 27
Jäger, Maria 28
Jahnn, Hans Henny 87
Jannings, Emil 5
Jaspers, Karl 105
Jehly, Grete 91
Jolas, Eugene 19, 20
Jolas, Maria 19
Joyce, James 19 ff.
Joyce, Lucia 19, 20
Joyce, Nora 19
Jünger, Anna Maria Citta, geb. Weickhardt 61
Jünger, Ernst 59 f., 60, 61
Jünger, Friedrich Georg 59, 61 f.
Jünger, Gretha 59
Jung, Carl Gustav 20, 105, 107, 108, 114, 115
Jung, Emilie 114
Jung, Johann Paul Achilles 114

Kaesbach, Walter 73
Kandinsky, Anja 122
Kandinsky, Wassily 12, 122 ff., 123
Kardorff, Konrad von 44
Kauffmann, Angelika 16 f.
Kauffmann, Cleophea 16
Kauffmann, Johann Joseph 16
Kauffmann, Michael 16
Kaus, Max 74
Kellermann, Bernhard 99
Kerner, Justinus 50
Kindermann, Hans 73
Kirchner, Ernst Ludwig 107, 115, 116
Klages, Ludwig 93
Klapheck, Anna 73
Klee, Paul 73, 123

133

Klein-Rogge, Rudolf 28
Klostermann, Vittorio 61
Kokoschka, Oskar 74
Kolb, Annette 90, 116, 119 f.
Kopriawa, Elisabeth, verh. Mühlenweg 63
Kortner, Fritz 89
Kreuzhage, Werner 41 f., 42
Kröller, Anton 116
Kröller-Müller, Helene 116
Kubin, Alfred 95
Kühn, Dieter 96

Landauer, Georg Friedrich 112
Lang, Fritz 28
Larese, Dino 37, 61, 113, 114
Lasker-Schüler, Else 18
Laßberg, Hildegard von 52
Laßberg, Hildegund von 52
Laßberg, Joseph Freiherr von 50 f., 96 f., 110
Laßberg, Maria Anna, gen. Jenny, von 50
Leip, Hans 5, 86 f.
Leip, Kathrin 86, 87
Leo XIII., Papst 93
Levy, Rudolf 44
Lichnowsky, Mechtilde Fürstin 19
Lingg, Ambros 32
Lingg, Hermann (von) 31, 32
Lingg, Jeanette 123, 124
Liszt, Cosima 36
Liszt, Franz 83
Loerke, Oskar 99
Lorca, Federico García 40
Ludwig, Maria 17
Ludwig, Martha 17
Ludwig, Paula 17 f.
Ludwig, Wilhelm 30, 31

Macaire, Amelie 98
Mann, Elisabeth 43, 109
Mann, Erika 45 f., 109, 118, 120
Mann, Golo (Gottfried Angelus) 108 f.
Mann, Heinrich 45, 99
Mann, Katia 43, 108
Mann, Klaus 45, 46
Mann, Thomas 22, 43, 45, 55 87, 89, 92, 99, 108
Manzú, Giacomo 113, 114
Marc, Franz 12, 123
Marc, Maria 123
Masereel, Frans 118
Matisse, Henri 44, 121
Maupassant, Guy de 85
Mauthner, Fritz 55 f., 94, 115

Mauthner, Hedwig 55 f., 115
May, Johanna, verh. Andersen Nexø 62
Mayer, Maria Ferdinand (II.) 97
Mayerfels, Karl Ritter Mayer von 52
Mayröcker, Friederike 51
Meidner, Ludwig 94
Meinl, Julius 90
Mesmer, Franz Anton 52 f., 53
Mörike, Eduard 15 f., 79
Mörike, Louis 15
Mörike, Margarethe 15
Molo, Walter von 99
Mombert, Alfred 99
Montaigne, Michel de 33, 34
Mozart, Wolfgang Amadeus 53
Muche, Georg 40
Mühlenweg, Fritz 59, 63 f.
Muehlon, Wilhelm 90 f.
Münter, Gabriele 122 f., 123

Napoleon s. Bonaparte, Napoleon
Napoleon III. s. Beauharnais, Charles-Louis
Nijinsky, Waclaw 106
Noack, Paul 61
Nolde, Emil 94
Novalis 6

Oprecht, Emil 108
Oprecht, Emmi 108

Pappenheim, Bertha 105
Pechstein, Max 94
Pfeiffer, Pauline 23
Piazetti, Giovanni Batista 16
Picard, Jacob 67, 75, 76
Picasso, Pablo 117, 121
Platen, August von 33, 34 f., 35
Plivier, Theodor 55
Poe, Edgar Allan 22
Pollaczek, Clara Katharina 11, 14
Pückler-Muskau, Fürst Hermann von 84
Purrmann, Hans 44
Purrmann, Mathilde 44

Raabe, Grete 13, 14
Raabe, Wilhelm 13 f.
Raichle, Kurt 54 f.
Rathgeber, Valentin 5
Regnier, Anatol 121
Regnier, Charles 121
Restle, Wilhelm 56
Reventlow, Franziska von 100
Reventlow, Rolf von 100

Rilke, Rainer Maria 90, 92, 99, 100 f.
Roché, Henri-Pierre 118
Rodt, Bischof Franz Konrad von 16
Roth, Joseph 105
Rousseau, Jean-Jacques 84
Rüdiger, Elise 53

Sachs, Nelly 51
Scheffel, Joseph Viktor von 5, 65 f., 66
Schelcher, Arno 75
Scheler, Max 105 f.
Schickele, Anna 117, 119
Schickele, René 6, 19, 88, 89, 90, 103, 106, 116, 117 ff., 120
Schiele, Edith 12, 13
Schiele, Egon 12 f.
Schinkel, Karl Friedrich 83
Schlatter, Ernst 118
Schleyer, Johann Martin 6, 64 f., 93 f.
Schlichter, Rudolf 59, 61
Schmalenbach, Werner 47
Schnitzler, Arthur 11 f., 12, 14 f., 122
Schnitzler, Heinrich 11
Schnitzler, Lili 11, 12, 15
Schnitzler, Olga 11, 15
Scholz, Adolf von 99
Scholz, Wilhelm von 91, 99 f., 101
Schröder, Rudolf Alexander 106 f.
Schücking, Levin 51
Schwab, Gustav 50
Schwabacher, Sascha 91
Schwarzenbach, Annemarie 106
Seelig, Dr. Carl 112
Seuse, Heinrich Suso 97, 115
Sigismund von Luxemburg 96
Sölle, Dorothee 51
Staiger, Emil 106
Stark, Barbara 64
Staub, Sita 85
Stehr, Hermann 99
Sternheim, Carl 6, 45, 46, 116, 117 ff., 118, 120 f.
Sternheim, Dorothea, gen. Mopsa 45
Sternheim, Thea 45, 46, 117 ff., 120 f., 121
Stickelberger, Emanuel 116
Straub, Harriet s. Mauthner, Hedwig
Strindberg, August 30 f., 31, 38 f., 94
Strindberg, Grete 30
Strindberg, Hans 30
Strindberg, Karin 30, 38
Strindberg, Sigrid, gen. Siri 30 f., 31, 38
Stucken, Eduard 99
Sturzenegger, Hans 72

Thiers, Adolphe 83
Thoma, Ludwig 72
Truffaut, François 118
Turner, Joseph Mallord William 5

Uhland, Ludwig 50, 110

Velde, Henry van de 6, 106, 115 f., 116, 117
Verne, Jules 22
Vogelweide, Walther von der 96

Waentig, Lenore 72
Waentig, Walter 72
Wagner, Minna 36
Wagner, Natalie 36
Wagner, Richard 33, 35 f.
Waldmüller, Ingrid, verh. von Scholz 99
Walser, Robert 111, 112 f., 113
Warburg, Aby 106
Wedekind, Pamela 45 f., 118, 120 f.
Weidenmann, Jakobus 114 f., 115, 118
Weidenmann-Bösch, Julie 114 f., 115, 118
Wessenberg, Ignaz Heinrich von 83, 97, 126
Weissenborn, Fürstbischof Jacob Fugger von Kirchberg und 53
Westermann, George 14
Westhoff, Clara 100
Weyersberg, Margarethe, gen. Daisy 39
Wille, Bruno 29 f., 30
Wolff, Kurt 18
Wolkenstein, Oswald von 95 f.

Zender, Hans 5
Zeppelin, Graf Ferdinand von 98
Zimmermann, Benedikt 48
Zimmermann, Reinhard Sebastian 48 f.
Zuylén-Ammann, Mathilde von 91
Zweig, Stefan 18, 19, 53, 68

Spaziergänge bei Arche: Auf den Spuren der Literatur und Kunst

Katharina Festner/Christiane Raabe
Spaziergänge durch das **München**
berühmter Frauen. 160 S. Br. 122 Abb. 7 Karten
ISBN 978-3-7160-3604-4

Wolfgang Feyerabend
Spaziergänge durch **Fontanes Berlin**
184 S. Br. 136 Abb. 6 Karten
ISBN 978-3-7160-3605-1

Wolfgang Feyerabend
Spaziergänge durch das literarische
Potsdam. 144 S. Br. 132 Abb. 5 Karten
ISBN 978-3-7160-2343-3

Noël Riley Fitch
Die literarischen **Cafés von Paris**
Aus d. Amerikan. v. Katharina Förs
u. Gerlinde Schermer-Rauwolf
91 S. Br. 45 Abb. 5 Karten
ISBN 978-3-7160-2160-6

Anna Gruber/Bettina Schäfer
Spaziergänge über den **Père Lachaise in Paris**. 166 S. Br. 134 Abb. 4 Karten
ISBN 978-3-7160-2200-9

Mary Ellen Jordan Haight
Spaziergänge durch **Gertrude Steins Paris**. Aus d. Amerikan. v. Karin Polz
152 S. Br. 107 Abb. 5 Karten
ISBN 978-3-7160-3603-7

Alexander Kluy
Spaziergänge rund um den **Bodensee**
der Literaten und Künstler
144 S. Br. 91 Abb. 7 Karten
ISBN 978-3-7160-3602-0

Thomas Kraft/Klaus Gasseleder
Spaziergänge durch das **Franken** der
Literaten und Künstler
168 S. Br. 106 Abb. 10 Karten
ISBN 978-3-7160-3601-3

Paul Raabe
Spaziergänge durch **Goethes Weimar**
224 S. Br. 177 Abb. 6 Karten
ISBN 978-3-7160-2256-6

Paul Raabe
Spaziergänge durch **Lessings Wolfenbüttel**. 176 S. Br. 142 Abb. 5 Karten
ISBN 978-3-7160-2228-3

Paul Raabe
Spaziergänge durch **Nietzsches Sils-Maria**. 159 S. Br. 119 Abb. 6 Karten
ISBN 978-3-7160-2182-8

Esther Scheidegger
Spaziergänge durch das **Zürich** der
Literaten und Künstler
192 S. Br. 185 Abb. 8 Karten
ISBN 978-3-7160-3600-6

Cornelius Schnauber
Spaziergänge durch das **Hollywood** der
Emigranten. 168 S. Br. 120 Abb. 5 Karten
ISBN 978-3-7160-2147-7

Stefanie Sonnentag
Spaziergänge durch das literarische
Capri und Neapel
152 S. Br. 112 Abb. 9 Karten
ISBN 978-3-7160-2316-7

Cornelia Staudacher
Spaziergänge durch das literarische
Mallorca. 144 S. Br. 89 Abb. 8 Karten
ISBN 978-3-7160-2291-7

Elisabeth Tworek
Spaziergänge durch das **Alpenvorland**
der Literaten und Künstler
256 S. Br. 184 Abb. 15 Karten
ISBN 978-3-7160-2330-3

Kläre Warnecke
Spaziergänge durch **Richard Wagners Bayreuth**. 176 S. Br. 137 Abb. 8 Karten
ISBN 978-3-7160-2283-2

Hans Wißkirchen
Spaziergänge durch das **Lübeck von Heinrich und Thomas Mann**
Unter Mitarbeit v. Klaus von Sobbe
160 S. Br. 121 Abb. 5 Karten
ISBN 978-3-7160-2210-8

Heinke Wunderlich
Spaziergänge an der **Côte d'Azur**
der Literaten. 192 S. Br. 108 Abb. 9 Karten
ISBN 978-3-7160-2169-9

Spaziergänge durch das Zürich der Literaten und Künstler

Zürich – das sind nicht nur Friedrich Dürrenmatt in der Kronenhalle und Max Frisch im Café Terrasse. Das sind auch die Emigranten von Richard Wagner über die Dadaisten bis Therese Giehse. Und das ist mehr als Thomas Manns Kilchberg und das Baur au Lac. Sieben Spaziergänge durch die Altstadt, über den Zürichberg und rund um den Zürichsee.

Esther Scheidegger
Spaziergänge durch das Zürich der
Literaten und Künstler
292 Seiten. Broschur
185 Abb. 8 Karten
ISBN 978-3-7160-3600-6

Spaziergänge durch das München berühmter Frauen

Die lebendige und vielbeachtete Dokumentation weiblicher Prominenz und Präsenz aus fünf Jahrhunderten in einer aktualisierten Neuausgabe. Sieben Spaziergänge zu den Wohnungen, Ateliers, Gartenhäusern und Salons von Schriftstellerinnen und Malerinnen, Schauspielerinnen und Politikerinnen, von Münchens berühmten Frauen.

Katharina Festner/Christiane Raabe
Spaziergänge durch das München
berühmter Frauen
160 Seiten. Broschur
122 Abb. 7 Karten
ISBN 978-3-7160-3604-4

Spaziergänge durch das Franken der Literaten und Künstler

Franken: Hier entfaltete sich die reiche Welt des Minne- und Meistersangs. Hier tauchten die Romantiker in ihre Märchenwelt ein. Hier lebte und schrieb Jean Paul, ließen sich Durchreisende von Landschaft und Frankenwein bezaubern. Spaziergänge auf den Spuren von Literaten und Künstlern durch eine faszinierende Kulturregion Deutschlands.

Thomas Kraft/Klaus Gasseleder
Spaziergänge durch das Franken der
Literaten und Künstler
168 Seiten. Broschur
106 Abb. 10 Karten
ISBN 978-3-7160-3601-3

Spaziergänge durch Fontanes Berlin

Sechs Spaziergänge auf den Spuren von Theodor Fontane in der Mitte des alten Berlin. Das Panorama einer spannungsreichen Epoche Berliner und europäischer Kulturgeschichte bis in die heutige Zeit in einer aktualisierten Neuausgabe.

Wolfgang Feyerabend
Spaziergänge durch Fontanes Berlin
184 Seiten. Broschur
136 Abb. 6 Karten
ISBN 978-3-7160-3605-1

Spaziergänge durch Gertrude Stein Paris

Fünf Spaziergänge durch das Paris der Rive Gauche, zu berühmten Treffpunkten, Wohnungen, Cafés und Hotels der literarischen und künstlerischen Avantgarde am linken Seineufer zwischen 1900 und 1940. Aktualisierte Neuausgabe.

Mary Ellen Jordan Haight
Spaziergänge durch
Gertrude Steins Paris
Aus d. Amerikan. v. Karin Polz
152 Seiten. Broschur
107 Abb. 5 Karten
ISBN 978-3-7160-3603-7